Benedetto Marcello

Das neumodische Theater

Benedetto Marcello

Das neumodische Theater

frisch übersetzt und herausgegeben von
Sabine Radermacher

illustrierte Ausgabe

Wir danken der
Associazione Benedetto Marcello in Brescia
für die freundliche Unterstützung!

Deutschsprachige Ausgabe
veröffentlicht bei mkverlag
Heidelberg, April 2001

Titel der italienischen Originalausgabe *Il teatro alla Moda*

Venedig 1722, Biblioteca Nazionale Marciana [Musica 1386]

© by mkverlag 2001

Die sehr 'spezielle' Typographie entspricht dem
italienischen Original!

Umschlag und Layout: mkverlag

Herstellung: Books on Demand GmbH

Printed in Germany
ISBN 3-8311-1676-8

besuchen Sie uns im Internet!

http://www.mkverlag.de

IL TEATRO ALLA MODA

O SIA

METODO ſicuro, e facile per ben comporre, ed eſeguire l'OPERE Italiane in Muſica all' uſo moderno.

Nel quale

Si danno Avvertimenti utili, e neceſſarj a Poeti, Compoſitori di Muſica, Muſici dell'uno, e dell'altro ſeſſo, Impreſarj, Suonatori, Ingegneri, e Pittori di Scene, Parti buffe, Sarti, Paggi, Comparſe, Suggeritori, Copiſti, Protettori, e MADRI di Virtuoſe, ed altre Perſone appartenenti al Teatro.

DEDICATO

DALL' AUTTORE DEL LIBRO AL COMPOSITORE DI ESSO.

Stampato ne BORGHI di BELISANIA per ALDIVIVA LICANTE, all' Inſegna dell'ORSO in PEATA. Si vende nella STRADA del CORALLO alla PORTA del PALAZZO d'ORLANDO.

E ſi riſtamperà ogn'anno con nuova aggiunta

DAS
NEUMODISCHE THEATER

ODER

Die sichere und einfache METHODE italienische OPERN
erfolgreich nach der neuesten Mode zu komponieren und
aufzuführen.

Darin enthalten sind

nützliche und unverzichtbare Tips für
Librettisten, Komponisten, Sänger beiderlei Geschlechts,
Intendanten, Orchestermusiker, Bühnenbildner,
Theatermaler, Buffi,
Schneider, Pagen,
Statisten, Souffleure,
Kopisten, Mäzene
und PrimadonnenMÜTTER,
sowie für andere Personen, die zum Theater gehören.

GEWIDMET
DEM VERFASSER DES BUCHES VOM AUTOREN DESSELBEN.

**Drucklegung in den BORGHI di BELISANIA von ALDIVIVA LICANTE
unter dem Zeichen des BÄREN in der BARKE.
Vertrieb in der STRADA del CORALLO am TOR des PALAZZO
d'ORLANDO.**
Neuauflagen mit aktuellen Zusätzen erfolgen jährlich.

Titelblatt der anonymen Originalausgabe von 1722. Das Bild der überladenen Barke mit einem verkleideten Bären als Steuermann ist eine Metapher des Venezianischen Opernbetriebes zur Zeit Benedetto Marcellos. Gianfrancesco Malipiero und Ulderico Rolandi gelang es in den 1930er Jahren, anhand von handschriftlichen Anmerkungen (von Marcello selbst?) in einem alten Exemplar der Originalausgabe des Werkes und mit der Auffindung eines ebenfalls anonym erschienenen Büchleins aus dem Jahre 1726 mit dem Titel *Li diavoli in maschera, dialoghi curiosi ricavati dal francese dal Sig. N.N.* („Die maskierten Teufel, merkwürdige Gespräche aus dem Französischen übertragen von Herrn N.N.") das Titelblatt zu entschlüsseln:

BORGHI: Eine Straßenbezeichnung, hier jedoch die Sängerin Caterina *Borghi* aus Bologna.

BELISANIA: Die Sängerin Cecilia *Belisani* aus Bologna.

ALDIVIVA: Der Komponist Antonio *Vivaldi*. Er wirkte vor allem am Teatro S. *Angelo* - zeitweise auch als Impresario - und ist auch auf dem Titelbild in dem Violine spielenden rothaarigen Schutzengel (ital. *angelo*) des „Neumodischen Theaters" mit Priesterhut am Heck der Barke dargestellt.

LICANTE: Die Sängerin Caterina Teresa *Canteli* aus Bologna.

BÄREN: Ital. *ORSO*: Der Impresario bzw. Intendant des Teatro S. Moisè in Venedig, *Orsatti*, wird auf dem Titelbild als grotesker Steuermann - ein Bär mit Allonge-Perücke - des „Neumodischen Theaters" dargestellt. Er sitzt, eine Siegesfahne - dieselbe war auf den Eintrittskarten seines Teatro S. Moisè zu sehen - in der Hand, in der überladenen Barke auf prall gefüllten Säcken. In den „Maskierten Teufeln" heißt es dazu, er habe sich (mehrfach?) von den Premiereneinnahmen einer Opernproduktion für ein ganzes Jahr im voraus mit Wein, Öl, Mehl etc. eingedeckt, statt seinen Teilhaber und die Darsteller auszuzahlen. Diese hätten dann durch die Einnahmen der Folgevorstellung entschädigt werden sollen, die leider äußerst schlecht verkauft waren....

BARKE: Ital. *Peata*: Der Impresario Modotto, ehemals Besitzer einer Barkenflotte. Auf dem Titelbild bewegt er das „Neumodische Theater" völlig unkoordiniert mit Hilfe *zweier* Ruder vorwärts - in Venedig verwandte man ja eigentlich nur *eins*... Modotta leitete in Venedig das Teatro S. Angelo und hatte sich dabei ganz Antonio Vivaldi anvertraut, der ihm nun geigend und dazu mit dem Fuß in der Luft dirigierend den (Ruder-)Takt angibt. Dabei wird Modotta zudem als linientreuer Zuarbeiter des eigentlichen Konkurrenten Orsatti bloßgestellt!

STRADA: „Straße": Die Sängerin Anna Maria *Strada*.

CORALLO: „Koralle": Die Sängerin Antonia Laurenti, genannt „*Coralli*".

TOR: Ital. *PORTA*: Der Opernkomponist Giovanni *Porta*.

PALAZZO: „Palast": Der Librettist Giovanni *Palazzi*.

ORLANDO: Der Komponist Giuseppe Maria *Orlandini* oder die Sängerin Chiara *Orlandi*. Letztere sang u.a. 1720 am Teatro S. Angelo neben Anna Maria *Strada* und der *Coralli* in der Oper *La verità in Cimento* von Antonio *Vivaldi* und Giovanni *Palazzi*...

Zu den versprochenen '*Zusätzen*' kam es nie...

Munus et officium, nil scribens ipse, docebo:

Unde parentur opes .....[1]

(Horaz, Lib. de Art. poet.)

---

[1] „Aufgabe und Amt [des Dichters] werde ich darlegen, ohne selbst zu schreiben: Woher man die Stoffe nehme..."

Benedetto Marcello

Venedig 24./25.7. oder 1.8.1686 (?) – Brescia 24./25.7.1739

DER AUTOR DES BUCHES AN DEN VERFASSER DESSELBEN [2]

Ihnen, o mein heißgeliebter Verfasser des vorliegenden Buches, widme ich mein Werk. Da ich zu Ihrer Freude und Zerstreuung von langweiligen Geschäften diese heitere Prosa (zum besseren Verständnis) in recht derbem Stil verfaßt habe, sollte ich sie Ihnen auch zueignen, als etwas, das Ihnen ohnehin bereits gehörte, als ich es erfand. Ich hoffe jedoch, das vorliegende Büchlein werde sich für all jene, die üblicherweise die Theater mißbrauchen, weder als schädlich noch als nutzlos erweisen, enthält es doch zahlreiche wichtigste Anregungen, die für ein erfolgreiches Fortkommen im modernen Bühnenbetrieb unabdingbar sind. Sollten sich dennoch böswillige Verleumder gegen mich erheben, vertraue ich blind darauf, daß Sie allein in der Lage sein werden, diese zu überzeugen und zu beruhigen. Leider weiß ich (ehrlich gesagt), daß viele, denen Kritik am Dilettantismus nicht behagt, behaupten werden, meine Anstrengungen seien überflüssig und vergeblich. Andere werden mich der Diffamierung moderner Kreativität beschuldigen. Sie und ich jedoch, wir werden (all dies verfolgend) mit gemeinsamem Vergnügen feststellen, daß gewisse Leute sich persönlich beleidigt und bei einem gemeinschaftlichen Vergehen ertappt fühlen und aus eben diesem Grunde meinen, ich hätte mich nur ihretwegen zum Schreiben entschlossen und auch Ihr Lachen gelte ausschließlich ihnen.

Bis dahin geben Sie, o mein untrennbarer Freund, auf dieses Geschenk gut acht, als einer Gabe dessen, der ohne Sie nicht leben kann. Und bleiben Sie gesund, wenn Sie mich nicht krank sehen wollen. Addio.

---

[2] Wörtlich: „Der Autor des Buches an den Komponisten desselben".

FÜR LIBRETTISTEN

Zunächst darf der *moderne* Librettist die antiken *lateinischen* oder *griechischen* Autoren grundsätzlich weder gelesen haben, noch jemals lesen, da sich die alten *Griechen* oder *Römer* ihrerseits auch nie für die *modernen* interessiert haben.

Ebenso sollte er eventuell vorhandene Kenntnisse zu *italienischem Metrum* und *Vers*, die über ein *oberflächliches Maß* hinausgehen, tunlichst für sich behalten. So kann er etwa mit dem *Wissen*, daß ein *Vers* aus *sieben* oder *elf Silben* bestehen sollte, nach Belieben solche mit *drei, fünf, neun, dreizehn* oder gar *fünfzehn* Silben bilden.

Hingegen erzähle er herum, intensiv Studien der *Mathematik, Malerei, Chemie, Medizin, Jurisprudenz etc.* betrieben zu haben, bevor ihn *sein Genie endlich mit aller Kraft zur Poesie gezogen haben.* Dabei kenne er jedoch weder die *verschiedenen Möglichkeiten* guten *Akzentuierens* und *Reimens etc. etc.*, noch habe er Ahnung von *poetischer Terminologie*, von *Legenden* oder *Geschichte.* Vielmehr verwende er in seinen Opern meist einige *Fachausdrücke* der oben genannten oder anderer *Wissenschaften*, die mit *poetischem Schaffen* nicht das Geringste zu tun haben. Daher bezeichne er auch *Dante, Petrarca, Ariost etc.* als *niedere, grobe, öde* und daher *wenig* oder *gar nicht nachahmenswerte* Autoren. Er besitze statt dessen verschiedene *moderne Dichtungen*, denen er *Stimmungen, Gedanken* und *ganze Verse entnehme*, wobei er den *Diebstahl* blumig als *Imitation* bezeichne.

Vor Abfassen des Operntextes besorge sich der *moderne* Librettist beim Intendanten eine genaue *Aufstellung* bezüglich *Anzahl* und *Art* der von diesem gewünschten *Szenenbilder*, um diese dann komplett in der Handlung zu verarbeiten. Fallen *prunkvolle Opferzeremonien, Bankette, Himmelserscheinungen* oder andere *Spektakel* darunter, sollte er sich unbedingt genau mit den *Bühnenarbeitern* darüber absprechen, mit wie vielen *Dialogen, Monologen, Arien etc.* die vorausgehenden Szenen *in die Länge zu ziehen* sind, damit alles in Ruhe vorbereitet werden kann - wobei er in Kauf nehme, daß die Oper später jede *Spannung verliert* und sich das Publikum zu Tode *langweilt.*

Er schreibe die gesamte Oper, ohne sich um irgendeinen *Handlungsverlauf* zu kümmern. Vielmehr verfasse er sie *Vers für Vers,* damit das Publikum auf keinen Fall den *Inhalt* versteht und so aus reiner Neugierde bis zum Schluß dableibt. Der gute *moderne* Librettist sorge dafür, daß sich alle Personen des Stückes möglichst oft grundlos auf der Bühne befinden, um anschließend *einer nach dem anderen* mit ihrer unvermeidlichen *Canzonetta*[3] abgehen zu können.

Der Librettist informiere sich nie über das besondere *Können* der einzelnen *Sänger,* sondern eher, ob der Intendant *einen guten Bären, Löwen oder eine fähige Nachtigall, funktionstüchtige Blitze, Erdbeben, Wetterleuchten etc.* zur Verfügung hat.

An das Ende der Oper stelle er eine *prächtige* Finalszene mit bizarrer *Ausstattung,* damit das Publikum nicht etwa nach der *Hälfte* des Opernabends geht. Das Ganze schließe er mit dem üblichen *Chor* zu Ehren der *Sonne,* des *Mondes* oder des *Intendanten.*

Widmet er das *Textbuch* einer wichtigen *Persönlichkeit,* sollte diese eher reich als gebildet sein. Ein *Drittel* des Erlöses aus der *Widmung* fällt dabei dem jeweils erfolgreichen *Vermittler* zu, also dem *Koch* oder *Hausverwalter* jener *Persönlichkeit.* Bei ihm erkundige er sich in erster Linie nach *Anzahl* und *Qualität der Adels- bzw. Ehrentitel,* mit denen er seinen *Namen auf dem Deckblatt* zu schmücken hat und verlängere die Aufzählung mit *etc. etc. etc. etc.* Er verkläre die *Familie* und den *Ruhm* der *Vorfahren* seines Gönners in der *Widmungsschrift* durch häufige Verwendung von Begriffen wie *Großzügigkeit, Edelmut etc.* Findet er (was ja häufig vorkommt) in der *Person* des Widmungsträgers selbst jedoch *keine*

---

[3]   Kurze Arie, meist heiter-frivolen Inhalts.

lobenswerten Eigenschaften, behaupte er, *über dieses Thema schweigen zu wollen, um dessen Bescheidenheit nicht zu beleidigen; doch werde der Ruhm mit seinen einhundert strahlenden Trompeten dessen unsterblichen Namen von einem Pol der Erde zum anderen kund tun.* Er schließe endlich mit dem Ausdruck *tiefster Ehrerbietung* und dem Wunsch *die Sprünge der Flöhe an den Beinen des Hundes Seiner Exzellenz zu küssen.*

Dem *modernen* Librettisten sei eine *Versicherung* an potentielle Leser empfohlen, *er habe das Werk in seiner frühesten Jugendzeit verfasst.* Dem könnte hinzugefügt werden, *er habe es innerhalb weniger Tage getan* (auch wenn er daran mehrere Jahre gearbeitet hat), denn dies entspräche genau jenem *modernen Stil,* der sich demonstrativ von der *altmodischen* Regel distanziert: *Nonumque prematur in annum* [4] *etc. etc.*

Zudem könnte er sich noch als *Freizeitpoet bezeichnen, der nur dichte, um sich von ernsthafteren Beschäftigungen zu erholen. Nichts habe ihm ferner gelegen, als seine literarischen Fingerübungen zu veröffentlichen, doch auf Anraten von Freunden und auf ausdrücklichen Wunsch seiner Herrschaften hin, habe er sich dazu entschlossen - jedoch ohne jeden Wunsch nach Ehre oder Hoffnung auf Profit. Im Übrigen würden das hervorragende Können der Interpreten, die allseits bekannte Kunst des Komponisten und die Geschicklichkeit der Statisten und des Bären allein die Mängel des Dramas zu korrigieren wissen.*

Seine *inhaltlichen Einführungen* in neue Opern sollten stets eine lange *Abhandlung* zu den *Regeln* der *Tragödie* und der *Dichtkunst* allgemein beinhalten, in der *Sophokles, Euripides, Aristoteles, Horaz* etc. zitiert werden. Hierbei komme er allerdings zu dem Schluss, daß der *heutige* Dichter alle guten *Richtlinien* unberücksichtigt lassen müsse, um dem *Geschmack seines dekadenten Jahrhunderts,* der *Liederlichkeit des Theaters,* den *Allüren des Kapellmeisters,* der *Unverschämtheit der Sänger* und *der Sensibilität des Bären* und *der Statisten etc.* entgegenzukommen.

---

[4]   Etwa: „Man sollte es bis ins neunte Jahr reifen lassen."

Er verzichte niemals auf die unvermeidliche *Erklärung* der drei *allerwichtigsten Faktoren* eines jeden Dramas: *Ort, Zeit* und *Handlung*. Als *Ort* definiere er: IN DIESEM ODER JENEM THEATER, als *Zeit* VON ZWEI UHR NACHTS BIS SECHS UHR MORGENS und als *Handlung* DIE VERNICHTUNG DES INTENDANTEN.

Historische Authentizität ist in einer Oper nicht von Interesse, im Gegenteil: Da sämtliche *griechischen* und *römischen Sujets* bereits von den antiken *Griechen* und *Römern* und darüber hinaus von den größten *italienischen Dramatikern* des *goldenen Jahrhunderts* [5] behandelt wurden, ist es nun an dem *modernen* Librettisten, eine *Geschichte zu erfinden*, in die er *Orakelsprüche, echte Seeschlachten, aus gegrillten Ochsen herausgelesene düstere Prophezeihungen* etc. einfüge. Hier reicht es völlig aus, wenn dem Publikum der eine oder andere *historische Name* handelnder Personen bekannt vorkommt. Alles Übrige kann also *frei erfunden* werden, wobei noch zu beachten bliebe, daß die *Verse* eine Anzahl von rund *1200* auf keinen Fall übersteigen - *Arien inklusive*.

Zur Renommeeförderung seiner Oper gebe der *moderne* Librettist dieser dann einen *Titel*, der vorzugsweise deren *Haupthandlung* nicht aber eine *Person* benennt, *so* z.B. statt *Amadìs, Bovo* oder *Berta im Feld* etc. etwa DIE HOCHHERZIGE UNDANKBARKEIT, DIE LEICHENZÜGE AUS RACHE, DER BÄR IN DER BARKE etc.

Als besondere *Leckerbissen* sollte die Oper *Gefangenschaften, Dolche, Gifte, Briefe, Bären-* und *Stierjagden, Erdbeben, Blitze, Opferhandlungen, Abrechnungen, Wahnsinnsszenen* etc. bereithalten, da solch *überraschende Ereignisse* das Publikum geradezu *erschüttern*. Könnte gar eine *Szene* eingefügt werden, in der sich *einige in akuter Lebensgefahr schwebende Personen in einem Wald oder Garten niederlassen bzw. in Schlaf fallen, um später unversehrt wieder aufzuwachen* (ein auf italienischen Bühnen nie zuvor gesehener Vorgang), wäre der Gipfel der

---

[5] Das 16. Jahrhundert.

Verzückung erreicht. [6]

An den Stil des Textes verschwende der moderne Librettist nicht allzu viel Mühe. Er sei sich vielmehr darüber im Klaren, *daß er von überwiegend einfachen Leuten angehört und verstanden werden muß.* Zur Simplifizierung verzichte er daher auf die *üblichen Artikel* und verwende statt dessen *weniger gebräuchliche lange Satzgefüge* sowie unzählige *Beiwörter*, wenn es einen *Rezitativ-* oder *Arienvers* zu füllen gilt.

Zudem besorge er sich möglichst viele *alte Opernmanuskripte*, deren *Stoffe* und *Szenarien* er komplett übernehme und *darin* lediglich das *Versmaß* und einige *Personennamen* ändere. Ebenso verfahre er bei der *Übertragung* von Dramen aus dem *Französischen*, von *Prosatexten* in *Reimform*, von *Tragödien* in *Komödien*. Auf Verlangen des Intendanten *füge* er hierbei gegebenenfalls *Rollen hinzu oder streiche* sie.

Um den Auftrag über einen Operntext *intrigiere* er mit allen Mitteln. Zur Not kooperiere er mit einem anderen Librettisten und vereinbare mit ihm die Bereitstellung eines *Stoffes* nebst Mitarbeit an dessen *Versifikation* gegen eine *Beteiligung am Erlös* aus *Widmungsschrift* und *Druck*.

Einen *Sänger* lasse er niemals ohne die unvermeidliche *Canzonetta* abgehen, vor allem wenn dieser laut *Handlung die Szene verläßt, um zu sterben, Selbstmord zu begehen, Gift zu trinken etc.*

Auf keinen Fall sollte er dem Intendanten das ganze Textbuch auf einmal vorlesen. Vielmehr spiele er ihm einige unzusammenhängende Szenen vor, wiederhole dabei mehrfach diejenigen mit dem *Gift*, der *Opferung* oder den *Ruhebänken* oder die Szene des *Bären* oder des *Saldi* [7] und schwöre, *nie wieder eine Oper schreiben zu wollen, wenn diese oder jene Szene ihre Wirkung verfehle.*

---

[6] All diese „Leckerbissen" findet man in Venezianischen Opern dieser Zeit natürlich zuhauf. Eine ähnliche Schlummerszene gab es z.B. bereits in Claudio Monteverdis damals schon 80 Jahre alten *L'Incoronazione di Poppea* (1642).

[7] Wahrscheinlich eine populäre Figur der damaligen Komödie bzw. der komischen *Intermezzi*.

Der gute *moderne* Librettist vermeide es tunlichst, sich mit *Musik* auszukennen, war doch ein solches Wissen ausgerechnet *antiken Dichtern* - wie etwa *Amphion, Philamon, Demodokus,Terpander etc. etc. etc.* - zu eigen. Laut *Strabo, Plinius, Plutarch etc.* wußten diese nicht einmal den Dichter vom Musiker und den Musiker vom Dichter zu trennen.

Eine *Arie* darf keinerlei inhaltlichen *Bezug* zu dem jeweiligen *Rezitativ* haben. Es sollte darin jedoch möglichst Begriffe vorkommen wie *Schmetterlingchen, Mückchen, Nachtigallchen, Wachtelchen, Schiffchen, Schmuckkästchen, Jasminblüte, Goldlack, Kupferpfanne, Kochtöpfchen, Tiger, Löwe, Walfisch, Garnele, Truthahn, kalter Kapaun etc. etc. etc.* Indem er anhand von *Gleichnissen* [8] die *Eigenschaften* von *Tieren, Pflanzen, Blumen etc.* herausstellt, gibt sich der Librettist nämlich als guter *Philosoph* zu erkennen.

Vor der Premiere muß der Dichter die *Sänger*, die *Vertonung*, den *Intendanten*, das *Orchester*, die *Statisten etc.* loben. Hat die Oper dann keinen Erfolg polemisiere er wiederum gegen die Darsteller, *die das Werk nicht seiner Absicht gemäß interpretiert und lediglich auf ihre Singerei geachtet hätten*, gegen den Kapellmeister, *der die Aussagekraft der Szenen nicht verstanden und sich überhaupt nur um die Arien geschert habe*, gegen den Intendanten, *der aus kleinkrämerischem Geiz die Oper nur mit einem Minimum an Ausstattung habe aufführen lassen*, und gegen die *allabendlich betrunkenen* Orchestermitglieder und Statisten *etc.* Er behaupte außerdem, *er habe das Stück ursprünglich völlig anders konzipiert und dann auf vehementen Druck höchster Stellen und insbesondere der unersättlichen Primadonna und des Bären Textteile entfernen bzw. hinzufügen müssen. Im Original könne dies nachgeprüft werden. Den vorliegenden Text erkenne er hingegen kaum als seinen eigenen wieder. Und wer ihm nicht glaube, der solle sich gefälligst bei dem Dienstmädchen oder der Hauswäscherin, die vor allen anderen das Buch gelesen und beurteilt haben, eines Besseren*

---

[8] Die viel gehaßten und verspotteten „Gleichnisarien" hielten sich immerhin bis ins 20. Jahrhdt. hinein. Auch Marcello vertonte sie mehrfach.

belehren lassen, etc.

Während der Proben teile er den Sängern - in der klugen Überlegung, diese machten ohnehin alles, *wie es ihnen paßt* - keineswegs seine Intentionen zum Stück mit.

Fällt eine *Partie* handlungsbedingt eher klein aus, erweitere er sie auf Verlangen des jeweiligen *Sängers* oder dessen *Gönners* hin umgehend. Daher empfiehlt sich ihm ein ständiger Vorrat von *ein paar Hundert Arien*, um bei Bedarf schnell *verändern* bzw. *verlängern* zu können etc. Auch vergesse er nicht, das Libretto mit den üblichen *nicht zu vertonenden Versen* vollzustopfen und diese mit *Anführungsstrichen* zu versehen.

Wird in einer Gefängnisszene ein *Ehepaar* getrennt und einer der beiden *zum Schafott geführt*, muß die andere Person unter allen Umständen zurückbleiben und eine *heitere Arie* singen. So wird dem Publikum die Betroffenheit genommen und es erkennt, das alles ja *nur Spaß* ist.

Liebesszenen, geheime *Verschwörungen* bzw. die *Planung von Hinterhalten etc.* sollten immer in Anwesenheit von *Pagen* oder *Statisten* von statten gehen.

Erfordert es die Handlung, daß ein Sänger etwas *niederschreibt*, lasse der Librettist jeweils nach dem Kulissenwechsel ein *Tischchen nebst Sessel* auf die Bühne bringen. Beide werden dann unmittelbar nach Fertigstellung des *Briefes* wieder entfernt, damit besagtes *Tischchen* nicht etwa in die Ausstattung eines Raums, in dem geschrieben wird, integriert ist. Das Gleiche gilt im Falle eines *Thrones*, eines *Kanapees*, bei *Sesseln, Moosbänken etc.*

In *herrschaftlichen Sälen* lasse er tanzende *Gärtner*, in *Wäldern* hingegen *Höflings*-Ballette auftreten und er sorge dafür, daß der *Piroo-Tanz* [9] in einem *Saal* oder *Hof* in *Persien, Ägypten etc.* gleichermaßen Einzug hält.

Bemerkt der *moderne* Librettist die *undeutliche Diktion* eines

---

[9] Ital. *Ballo di Piroo / Pirro* oder *Pirrica*: Ein griechisch-dorischer Waffentanz, wahrscheinlich benannt nach *Pyrrikhé*, einer der beiden altgriechischen Waffenübungen oder nach seinem angeblichen 'Erfinder', dem mythischen Krieger Pyrricos.

Sängers, versuche er diese niemals zu korrigieren. Sieht der *Sänger* seinen Mangel nämlich ein und deklamiert fortan deutlicher, könnte dies den Absatz der *Textbücher* erheblich *mindern*.

Auf Fragen der Darsteller nach *Auftritten* und *Abgängen*, nach *Gesten* oder *Kostümen* lasse er diese *auftreten*, *abgehen*, *sich bewegen* und *kleiden ganz wie es ihnen gefällt*.

Erregen seine *Arienmetren* den Unwillen des Komponisten, nehme der Librettist prompt daran Änderungen vor und garniere die *Arien* zudem - je nach Laune des Komponisten - noch mit allerlei *Winden*, *Unwettern*, *Nebel*, *Südwestwind*, *Nordostwind*, *Nordwind* etc. Viele der *Arien* sollten so lang sein, daß man sich nach der Hälfte nicht mehr an den Beginn erinnert.

Eine Oper muß mit maximal *sechs* Darstellern auskommen, wobei *zwei* oder *drei Rollen* so zu konzipieren sind, daß sie bei Bedarf gestrichen werden können, ohne dem Handlungsverlauf zu schaden.

Die *Partie* des *Vaters* oder des *Tyrannen* bleibe (vorausgesetzt es ist die Hauptrolle) immer KASTRATEN vorbehalten, während man *Tenöre* und *Bässe* für die des *Obersten der Leibwache*, *Vertrauten des Königs*, *Hirten*, *Boten* etc. aufbewahre.

Erfolglose Librettisten kümmern sich übers Jahr um *Rechtsangelegenheiten*, *Gutshöfe* und *Wirtschaftsaufsicht*, sie kopieren *Flugblätter*, korrigieren *Druckvorlagen*, ziehen *übereinander her* etc. etc. etc.

Der Librettist verlange vom Intendanten die Bereitstellung einer *Loge*, die er bereits viele Monate vor der Uraufführung seiner Oper und für alle weiteren *Premieren zur Hälfte vermiete*. Die andere *Hälfte* fülle er mit *Verehrern*, denen er freien Eintritt verschaffe.

Häufig besuche er die *Primadonna*, da von ihr im Allgemeinen der *Erfolg* bzw. *Mißerfolg* einer Oper abhängt. So *schneide* er das gesamte Stück *auf sie* zu, *verlängere* oder *kürze ihre Partie*, die des *Bären* oder anderer Personen etc.

Doch hüte er sich, ihr auch nur das Geringste von der *Handlung* preiszugeben, denn die *moderne* PRIMADONNA darf davon keine Ahnung haben. Um so mehr müssen *heimlich* deren MUTTER, *Vater*, *Bruder* oder *Gönner* darüber in Kenntnis gesetzt werden

Der Librettist besuche auch den Kapellmeister, lese ihm das Stück mehrfach vor und *zeige ihm*, wo die *Rezitative langsam, schnell, leidenschaftlich etc.* deklamiert werden müssen - der moderne Komponist seinerseits übernehme später keine dieser Anweisungen - und verpflichte ihn dann in den Arien zu *kürzesten Vor-* bzw. *Zwischenspielen* und *Koloraturen* (dafür zu um so mehr *Wortwiederholungen*), damit die *Poesie* richtig ausgekostet werden kann.

Orchestermitglieder, Schneider, Bären, Pagen, Statisten etc. überschütte er mit Komplimenten und lege ihnen allen seine Oper ans Herz.

Etc. etc. etc. etc.

FÜR KOMPONISTEN [10]

Einige grundlegende praktische Kenntnisse ausgenommen, darf der moderne Komponist von Kompositions*regeln* keinen blassen Schimmer haben. Er verstehe nichts von *musikalischen Zahlenverhältnissen*, von der überaus positiven Wirkung der *Gegenbewegungen*, der *fehlerhaften Verbindung* des *Tritonus* und der *großen Hexachorde*. Er kenne weder Namen noch Anzahl und *Eigenschaften* der *Modi* bzw. *Tonarten* und weiß nicht, wie sie *zu teilen* sind. Vielmehr vertrete er hierzu die Ansicht, es gebe lediglich zwei '*Tonarten*', *Dur* und *Moll*, - also *Dur* mit *großer* und *Moll* mit *kleiner Terz*. Was die *Alten* unter *Ganz-* und *Halbtönen* verstanden, ist ihm dabei eigentlich unwichtig.

Auch unterscheide er nicht im geringsten zwischen den drei Genera *Diatonik*, *Chromatik* und *Enharmonik*. Vielmehr werfe er deren Tonstufen in einer einzigen *Canzonetta* willkürlich durcheinander, um sich mit jenem modernen *Wirrwarr* demonstrativ von den *Alten* zu distanzieren.

Versetzungszeichen verwende er nach Gutdünken und mische, entgegen jeder Regel, deren *Signaturen*. Ebenso bediene er sich des *enharmonischen Vorzeichens* an Stelle eines *chromatischen*, mit der Begründung, es sei *dasselbe, da beide die Note um einen kleinen Halbton* [11] *anheben*. So demonstriert er seine völlige Unwissenheit darüber, daß die *Chromatik zur Teilung von Ganztönen*, die *Enharmonik* jedoch nur zur Alteration von *Halbtönen* verwendet wird, besitzt letztere doch *ausschließlich die Eigenschaft, große Halbtöne* [12] *zu teilen*.

---

[10] Zu Marcellos Zeiten war der Komponist meist auch der Kapellmeister einer Opernaufführunge. Marcello verwendet die Begriffe *Compositore di Musica*, *Maestro di Capella* und *Maestro di Musica* in diesem Kapitel und im gesamten Buch recht wahllos.

[11] Ital. *semitono minore* entspricht hier dem heutigen chromatischen Halbton [z.B. c-cis].

[12] Ital. *semitono maggiore* entspricht hier dem heutigen diatonischen Halbton [z.B. h-c].

Wie auch immer: Der moderne Komponist muß (wie oben bereits empfohlen) *über diese und ähnliche Dinge gründlich im Dunkeln tappen.*

Zu diesem Zwecke sollte er schlecht *lesen*, noch schlechter *schreiben* können und somit auch der *lateinischen Sprache* nicht mächtig sein, selbst wenn er für die *Kirche* komponiert. Hier verarbeite er *Sarabandes,*[13] *Gigues,*[14] *Correntes,*[15] *etc.* die er dann als *Fugen, Kanons, doppelte Kontrapunkte etc.* ausgebe.

Was nun sein Wirken am Theater betrifft, so sollte der moderne Komponist sich keinesfalls mit *Poesie* auskennen und wenig Gefühl für *sinnvolle Diktion, lange* oder *kurze Silben* sowie *Bühnenwirksamkeit etc.* entwickeln. Ist er selbst *Cembalist,* lasse er die spezifischen *Eigenarten* der unterschiedlichen *Streich-* und *Blasinstrumente* gleichermaßen außer Acht. Spielt der Komponist jedoch ein *Streichinstrument,* dann rede er sich ein, auch ohne *Cembalopraxis* gut auf *moderne Weise* komponieren zu können und kümmere sich nicht weiter um die Kenntnis desselben.

Es wäre hingegen nicht übel, wenn der moderne Komponist über lange Jahre hinweg *Violine* oder *Violetta*[16] gespielt oder gar als *Kopist* bei einem berühmten Meister gearbeitet hätte, dessen *Opern-* und *Serenadenautographe etc.* sich nun in seinem Besitz befänden. Aus diesen und anderen Manuskripten stehle er immer wieder *Ideen* für *Vor- und Zwischenspiele, Ouvertüren, Arien, Rezitative, Folias,*[17] *Chöre etc.*

---

[13] Rhythmischer Tanz spanischen und vormals wahrscheinlich arabisch-persischen Ursprungs.

[14] Ursprünglich ein irisches oder englisches Tanzlied mit antiken Wurzeln, aus dem sich ein im 17. und 18. Jahrhundert in der Instrumentalmusik weit verbreiteter Tanz entwickelte.

[15] In Italien und Frankreich im 16. -17. Jahrhundert beliebter lebhafter Tanz.

[16] Wahrscheinlich ist hier die Bratsche gemeint. Siehe Kapitel 6 „Für Orchestermitglieder".

[17] Tanz wahrscheinlich portugiesischen Ursprungs. Wurde zur Bezeichnung für ein beliebtes musikalisches Satzmodell über ostinatem Baß. Gerade Antonio Vivaldi betrieb *Folia*-Kompositionen fast schon 'inflationär'...

Zunächst *bestelle* er bei seinem Librettisten *Anzahl* und *Metren* der Arienverse. Außerdem lasse er ihn den Text *leserlich* abschreiben, damit kein *Punkt,* kein *Komma,* kein *Fragezeichen* etc. verlorengehe, wenngleich er sich dann bei der Vertonung weder um *Punkte,* noch um *Fragezeichen* oder *Kommata* kümmern wird.

Vor Inangriffnahme der Komposition besuche er alle zukünftigen Sängerinnen und versichere ihnen, durch *Arien ohne Baßstimmen, Forlane,*[18] *Rigaudons*[19] etc. *die Oper ganz auf sie maßschneidern* zu wollen - das Ganze mit *Geigen, Statisten* und dem *Bären all'unisono.*

Er vermeide es dann tunlichst, das Libretto ganz zu lesen, um sich nicht zu *verzetteln.* Vielmehr vertone er einen *Vers* nach dem anderen und lasse sämtliche Arien umgehend ändern, damit die *im Laufe des Jahres* vorbereiteten *Motive* darin verarbeitet werden können. Paßt der *Text* besagter *Arien* dann immer noch nicht unter die *Noten* (was ja häufig vorkommen soll), *malträtiere* er den Librettisten aufs Neue, bis dieser ihn vollkommen zufrieden gestellt hat.

Er komponiere alle *Arien* mit *Orchesterbegleitung.* Dabei lasse er unbedingt alle *Stimmen* mit *Noten* oder *Figuren* im gleichen *Zeitmaß* fortschreiten, seien es *Achtel* oder *Sechzehntel* oder *Zweiundreißigstel.* Es sollte ihm hier (treu nach Art des modernen Komponierens) mehr daran gelegen sein, *Aufsehen* zu erregen, als *Wohlklang* zu erzeugen, der ja das Wechselspiel teils *gehaltener,* teils *akzentuierter* unterschiedlicher *Notenwerte etc.* zur Bedingung hätte. Zur Vermeidung jener *Klangschönheit* darf der moderne Komponist daher keine anderen Überbindung verwenden, als den unvermeidlichen *Quart-Terzvorhalt* (in der *Kadenz*). Erscheint ihm dies noch immer zu *altmodisch,* schließe er die

---

[18] Auch *Furlanda, Frulana, Friauler* [aus Friaul]: Ein lebhafter Werbetanz für ein bis zwei Paare, wahrscheinlich slawischer Herkunft, der im 18. Jahrhundert besonders in Venedig sehr beliebt war.

[19] Auch *Rigodon:* Ein seit dem 17. Jahrhundert bekannter und noch im 19. Jahrhundert getanzter Tanz wahrscheinlich provenzalischen Ursprungs.

Arien mit einem *Orchester-Unisono.*

Weiter achte er darauf, daß sich - ohne Rücksicht auf *Text, Tonarten* oder *Handlungsablauf* - über die gesamte Oper hin jeweils *fröhliche* und *pathetische* Arien abwechseln. Kommen in Arien Substantive vor, wie *Vater, Herrschaft, Liebe, Arena, Königreich, Schönheit, Stärke, Herz* etc. etc. oder aber *nein, ohne, schon* und andere Beiwörter, unterlege der *moderne* Komponist diese mit möglichst *langen Koloraturen*, z.B. *Vaaaa...., Herrschaaaa...., Liiiie..., Areeee...., Köööö...., Schööööö...., Stäääää...., Heeeee...., etc. neiiii...., ooooohn...., schoooooo.... etc.* Auch dies wäre ein Beitrag zur Distanzierung von jenem *altmodischen Stil*, der *Passagen* auf *allgemeinen Substantiven* und *Beiwörtern* vermied und lediglich bei *Worten*, die ein *Gefühl* oder eine *Bewegung* ausdrücken, zur Anwendung brachte, wie etwa *Schmerz, Angst, Gesang, fliegen, stürzen* etc. etc. etc. etc. etc..

In *Rezitativen moduliere* er völlig *willkürlich*, wobei der *Baß* sich *möglichst häufig bewegen* sollte. Er spiele jede Szene nach ihrer Fertigstellung seiner *Ehefrau* (vorausgesetzt, er ist mit einer SÄNGERIN verheiratet) vor, andernfalls einem *Diener*, dem *Kopisten* etc. etc. etc. etc.

Arien leite er grundsätzlich mit überaus langen *einstimmigen Violin-Ritornelli* ein, gewöhnlich in *Sechzehntel-* und *Zweiunddreißigstelbewegungen*. Diese lasse er dann *mezzo piano* spielen, um den Anschein maximaler *Neuartigkeit* und minimaler *Langeweile* zu erwecken. Die folgenden Arien sollte mit besagten *Ritornelli* nicht das Geringste zu tun haben.

Es sei empfohlen, die Arie zudem ohne *Basso Continuo* weiterzuführen und von den *Violinen colla parte* [20] begleiten zu lassen - damit der *Sänger* den *Ton* besser hält. Man könnte in diesem Falle auch den *Violette* einige *Baßnoten* zuteilen; *es muß aber nicht sein.*

Ist der SÄNGER bei der *Kadenz* angelangt, *winke* der Kapellmeister das gesamte Orchester *ab* und lasse dem *Sänger* oder der *Sängerin* die Freiheit, sich so lange dort

---

[20] Ital. „mit der Singstimme".

aufzuhalten, wie es beliebt.

Auf *Duette* oder *Chöre* verschwende er wenig Zeit und sorge zudem dafür, daß diese aus dem Libretto ganz verschwinden.

Im Übrigen lasse der *moderne* Komponist verlauten, er *komponiere oberflächliches und ausgesprochen fehlerhaftes Zeug, um den Vorlieben der Zuhörer entgegenzukommen.* Auf diese Weise verunglimpfe er den Geschmack des Publikums, dem ja der Schund, den es zu hören bekommt, bisweilen in der Tat gefällt. Dies rührt jedoch daher, weil ihm einfach nichts besseres geboten wird.

Der Komponist arbeite für den Intendanten zu äußerst günstigen Bedingungen, weiß er doch, welch *horrende Summen* dieser für die HAUPTDARSTELLER der Oper auszugeben gezwungen ist. Er begnüge sich daher mit einer *Gage*, die unter der des *miserabelsten Sängers* liegt, vorausgesetzt sie *übertrifft* die des *Bären* oder der *Statisten*.

Flaniert der Komponist mit *Sängern*, insbesondere mit KASTRATEN, überlasse er ihnen stets die *rechte Seite*,[21] halte sich *einen Schritt hinter ihnen*, den *Hut in der Hand*, ist doch der Unfähigste von ihnen auf der Bühne mindestens *ein General, ein Hauptmann des Königs oder der Königin etc.*

Je nach den Bedürfnissen seiner SÄNGER *verlangsame* er in den Arien *das Tempo* oder *ziehe es an*. Dabei ignoriere er all ihre *Allüren*, wohl wissend, daß sein eigener *Erfolg*, sein *Ruf* und seine *Karriere* in ihren Händen liegt. Deshalb ändere er ihnen gegebenenfalls auch ganze *Arien, Rezitative, Kreuze, B's, Auflösungzeichen etc.*

Sämtliche Gesangsstücke sollten dieselben Ingredienzen aufweisen, nämlich *ellenlange Passagen, Synkopen, Halbtonschritte, umgestellte Silbenfolgen* und *unsinnige Wortwiederholungen*, wie etwa *Liebe Liebe, Herrschaft Herrschaft, Europa Europa, Raserei Raserei, Hochmut Hochmut, etc. etc. etc.*[22]

---

[21] Das heißt, den Ehrenplatz.

[22] Noch 30 Jahre später sollte der große Dichter Pietro Metastasio, seinem Freund Carlo Broschi (Farinelli) gegenüber, besagte Wortwiederholungen als „Epidemie Italiens" bezeichnen.

16

Während seiner Arbeit an der Partitur sollte der *moderne* Komponist *daher* stets eine *Liste* oder ein *Verzeichnis aller oben genannten Zutaten* vorliegen haben, ohne die er keine einzige Arie zu Ende bringe. So kann er jene altmodische musikalische *Vielfalt* so weit wie möglich ausschließen.

Nach einem in *B-Tonart* endenden *Rezitativ* stehe die unmittelbar folgende *Arie* in einer Tonart mit *drei* oder *vier Kreuzen*. Das anschließende *Rezitativ* beginne dann wiederum in einer *B-Tonart* - und all dies unter dem Vorwand der *Neuartigkeit*.

Ebenso *zerstöre* der *moderne* Komponist, explizit in den *Arien*, die im *Text* enthaltene *Stimmung* oder *Aussage*. Dazu lasse er den INTERPRETEN zunächst nur den *ersten Vers* singen (obgleich dieser für sich allein keinen Sinn ergibt), um dann mit einem langen Ritornello der *Violinen, Violette etc. etc.* fortzufahren.

Sollte der *moderne* Komponist irgendeiner SÄNGERIN seiner Oper *Unterricht* erteilen, ermuntere er sie zu *undeutlicher Diktion* und *bringe ihr* zu diesem Zwecke *unzählige Verzierungen* und *Koloraturen bei*, durch die garantiert kein *Wort* mehr zu verstehen sein wird. So kommt die Musik zum *Blühen* und ihre *Schönheit wird besser erfasst*.

Übernehmen Violinen das *Continuo* ohne *Cembali* oder *Kontrabässe*, stört es keineswegs, wenn diese sogenannte 'Baß'-Begleitung (in Bezug auf *Singstimme* oder *Streichinstrumente*) über dem *Melodiepart* liegt, was ja häufig bei *Alt-, Tenor-* und *Baßarien* der Fall sein soll.

Insbesondere *Canzonette* für *Alti* oder *Mezzosoprane* sollte der *moderne* Komponist so konzipieren, daß die *Orchesterbässe* die Singstimme eine *Oktav tiefer*, die Violine eine *Oktav höher* begleiten. In der *Partitur* schreibe er jedoch alle *Stimmen* aus. So entsteht der Eindruck, er habe *dreistimmig* komponiert, obgleich das *Stück* im Grunde nur *einstimmig* ist und sich lediglich auf *verschiedene Oktaven* verteilt.

Hat der *moderne* Komponist die Absicht *vierstimmig* zu komponieren, müssen zwei der *Stimmen* zwangsläufig *all'unisono* oder im *Oktavabstand* verlaufen, während die *Rhythmisierung der Phrasen* immerhin unterschiedlich gestaltet wird: wenn etwa eine *Stimme* in *Viertel-* oder *Achtelnoten* und die andere in *Sechzehnteln oder Zweiunddreißigsteln etc.* verläuft.

Einen *Baß*, der sich in *Achtelnoten*[23] bewegt, bezeichne der moderne Komponist als '*modernen chromatischen Baß*', ist ihm die Bedeutung des Begriffes '*chromatisch*' doch völlig fremd. Er sei (wie oben bereits angemahnt) auch in Bezug auf *Poesie* ernsthaft um Ignoranz bemüht, war die Kenntnis derselben doch *den Musikern der Antike zueigen*, wie etwa *Pindar, Arion, Orpheus, Hesiod etc.* - *Pausanias* zufolge ebenso exzellente *Dichter* wie *Musiker*. Der *moderne* Komponist muß alles tun, um sich von solchen Leuten zu *distanzieren* etc.

Er entzücke indes das Publikum mit *Arien* die von *gezupften Instrumenten, Taschengeigen,*[24] *Trumscheiten,*[25] *Piombé*[26] etc. begleitet werden.

Der moderne Komponist verlange vom Intendanten (über die Gage hinaus) einen Librettisten als *Geschenk* und zur *freien Verfügung*. Unmittelbar nach ihrer Fertigstellung spiele er die Oper seinen Freunden vor, die zwar nichts davon verstehen, nach deren Gutdünken er jedoch *Ritornelli, Passagen, Vorschläge, enharmonische Kreuze, chromatische B's etc.* umarrangiere.

Auch sei der moderne Komponist darauf bedacht, das unvermeidliche *Rezitativ* mit *chromatisch fortschreitender Baßlinie* oder mit *Orchesterbegleitung* nicht zu vernachlässigen und zwinge in diesem Zusammenhang den (ihm - wie erwähnt - vom Intendanten vermachten) Librettisten, eine *Opferzeremonie, Wahnsinns-* oder *Kerkerszene etc.* zu liefern.

---

[23] Die Achtelnote heißt auf italienisch *Chroma*!

[24] Ital. *sordino:* „Tanzmeistergeige" oder *Pochette;* dreisaitige Violine mit sehr kleinem Korpus, paßte leicht in die Rocktasche

[25] Ital. *tromba marina:* „Marien-Trompete" oder „Trompetengeige", Streichinstrument mit schnarrendem, trompetenhaft lautem Klang, diente im Mittelalter in Klöstern als Blechblasinstrumentenersatz.

[26] Pfeife zur Imitation von Vogelstimmen.

Arien mit *obligater Solo-Baßbegleitung* komponiere er nie. Zum einen sind sie, seiner Meinung nach, heute nicht mehr in Mode. Zum anderen können in der selben Zeit, die ihn eine solche Arie kosten würde, ein gutes Dutzend Orchesterarien fertiggestellt werden.

Bekommt er nichtsdestotrotz einmal Lust, irgendeine Arie mit *Baßstimmen* zu komponieren, sollte diese aus höchstens zwei oder drei *Noten bestehen*, die *mehrfach wiederholt* oder *orgelpunktartig* miteinander *verbunden* werden. Dabei versteht es sich von selbst, daß alle *Mittelteile* aus aufgewärmtem musikalischem Material bestehen.

Sollte der Intendant dann mit der Musik unzufrieden sein, wehre sich der Komponist gegen diese *Ungerechtigkeit*: Er habe in dieser Oper immerhin ein *Drittel mehr Noten* verarbeitet als *üblich* und fast *50 Stunden* zu ihrer Vollendung benötigt.

Finden einige *Arien* jedoch nicht die Zustimmung der SÄNGERINNEN oder ihrer *Gönner*, versichere er ihnen, diese kämen erst auf der Bühne, zusammen mit *Orchester, Kostümen, Beleuchtung, Statisterie etc.* richtig zur Geltung.

Am Ende eines *Vor- oder Zwischenspiels* muß der Kapellmeister den SÄNGERN mit dem Kopf das Zeichen für ihren *Einsatz* geben, denn diese können ihn, aufgrund der unvermeidlichen *Länge* und *Undurchsichtigkeit* desselben beim besten Willen nicht alleine finden.

Einige *Arien* sollten immer im *Stil* einer *Baßarie* komponiert werden, auch wenn sie für *Alti* oder *Soprane* bestimmt sind.

Der *moderne* Komponist verpflichte den Intendanten zur Bereitstellung eines Orchesters mit üppiger Besetzung der *Geigen, Oboen, Hörner etc.* Lediglich bei den *Kontrabässen* erlaube er Einsparungen, braucht er sie doch ohnehin nur am Anfang zum *Stimmen*.

Die Ouvertüre setze sich aus einer Einleitung im *französischen Stil* oder aus *sehr schnellen Sechzehntelbewegungen in einer Dur-Tonart* zusammen. Hierauf sollte üblicherweise im *piano* die *Mollvariante* folgen. Das Ganze schließe mit einem

Menuett, einer *Gavotte* oder *Gigue* - erneut in *Dur.* Auf diese Weise können *Fugati, Vorhalt- und Themenbildungen etc.* und andere, dem *modernen* Geschmack hoffnungslos *veraltet* erscheinende Dinge umgangen werden.

Der Kapellmeister garantiere dafür, daß die besten *Arien* grundsätzlich der *Primadonna* zufallen. Sollten Striche in der Oper unvermeidbar werden, erlaube er nicht, daß diese *Arien* oder *Ritornelli,* sondern eher ganze *Dialoge,* Szenen *des Bären* oder *Erdbeben etc.* betreffen.

Beschwert sich die *Secondadonna,* ihre *Partie* umfasse weniger *Noten* als die der *Primadonna,* tröste er sie, indem er mit Hilfe von *Koloraturen, Vorschlägen, galanten Wendungen etc. etc. etc.* die Quantität beider Rollen genau angleiche. Für Widmungen an die *Gönner der Sängerinnen,* an *Musikliebhaber, Stuhlvermieter, Statisten, Bühnenarbeiter etc.* verwende der *moderne* Komponist alte ausländische Arien und empfehle sich damit aufs Wärmste.

Eine *Canzonetta* ändere er nie zum Positiven hin und nenne jede *Arie* die keinen Anklang findet, ein *Meisterwerk, das jedoch von den Sängern verhunzt und vom Publikum nicht verstanden werde etc.* Während der Arien ohne *Continuo-Begleitung* vergesse er nicht, die *Kerzen* an seinem Cembalo zu löschen und diese erst zu den *Rezitativen* wieder anzuzünden, um sich *nicht unnötig das Gesicht zu erhitzen.*

Der *moderne* Komponist sei allen INTERPRETINNEN seiner Oper gegenüber extrem zuvorkommend. Er vermache ihnen *alte, ihrer Stimmlage* entsprechend transponierte *Kantaten* und versichere jeder einzelnen, die Oper *stehe und falle* allein mit ihrem Können. Dasselbe sage er zu jedem *Sänger,* jedem *Orchestermitglied, Statisten, Bären, Erdbeben etc.* Allabendlich verschaffe er *Verehrern* freien Eintritt in die Vorstellung und lasse sie bei sich im Orchestergraben Platz nehmen. Zu ihrer Bequemlichkeit *entlasse* er, wenn es sein muss, auch mal den *Cellisten* oder *Kontrabassisten.*

Alle modernen Kapellmeister lassen unter die *Namen* der Darsteller die folgenden Worte setzen:

20

Die Musik stammt von dem allzeit hochberühmten Herrn N.N.,
Kapellmeister, Konzertmeister, Kammermusikmeister, Tanzmeister,
Fechtmeister etc. etc. etc. etc.

FÜR SÄNGER

Unter gar keinen Umständen darf der moderne GESANGSVIRTUOSE je *Stimmübungen* gemacht haben und sollte dies auch in Zukunft unterlassen, will er nicht etwa riskieren, eine *sichere Stimme* zu bekommen, *saubere Töne zu singen, im Tempo zu bleiben etc.* Solche Details sind heutzutage wahrhaftig nicht mehr gefragt. Es ist nicht besonders wichtig, ob der SÄNGER *lesen* oder *schreiben* kann, *die Vokale und die einfachen wie doppelten Konsonanten korrekt ausspricht oder die im Text wiedergegebene Empfindung erkennt etc.* Eher werfe er *Wortbedeutungen, Buchstaben, Silben etc.* durcheinander, um *galante Passagen, Triller, Vorschläge, ellenlange Kadenzen etc. etc. etc.* singen zu können

Der SÄNGER beanspruche grundsätzlich die *Hauptrolle etc.* und presse *aus Statusgründen* dem Intendanten bei *Vertragsabschluss* eine *Gage* ab, die um ein *Drittel* über der vorab vereinbarten liege.

Könnte er es sich angewöhnen ständig zu klagen, er *sei nicht bei Stimme, ganz außer Übung, leide an Blutwallungen, Kopf-, Zahn- und Magenschmerzen etc.*, so verhielte er sich schon ganz wie einer der großen modernen GESANGSVIRTUOSEN.

Mit seiner *Rolle* sei er grundsätzlich unzufrieden, behaupte, *er könne mit der Handlung nichts anfangen; die Arien entsprächen nicht seinen Fähigkeiten etc.* Statt dessen singe er nach Möglichkeit irgendeine *Arie* eines anderen Komponisten und beteuere, *sie habe an diesem oder jenen Hofe, bei diesen oder jenen hohen Herrschaften* (die zu nennen er sich hüten wird) *geradezu Furore gemacht und er habe sie bis zu siebzehn Mal am Abend wiederholen müssen.*

In Proben markiere er lediglich und beharre während der *Arien* auf seinem *Tempo.* Bei szenischen Proben *stehe* er meist *herum, eine Hand im Revers, die andere am Geldbeutel,* und achte vor allem darauf, daß während jeder *Messa di voce* [27]

---

[27] Dynamische Gesangstechnik (Auf- und Abschwellen des Tones vom *pianissimo* zum stärksten *fortissimo* und zurück). Sie galt und gilt auch

22

nicht eine Silbe zu verstehen ist.

Zum Schutz vor Erkältungen behalte er stets den *Hut auf*, sogar im Gespräch mit wichtigen *Persönlichkeiten*, und *neige* auch zur Begrüßung *niemals den Kopf*, im Bewußtsein, selbst *Fürsten, Könige, Kaiser etc.* darzustellen.

Er singe auf der Bühne mit nur *halb geöffnetem Mund* und *zusammengepreßten Zähnen*. Kurz, er tue sein Bestes, *damit nicht ein Wort von dem, was er singt, zu verstehen ist* und übergehe in den Rezitativen daher auch alle *Punkte* und *Kommata*. Richtet in einer *Szene* ein anderer Darsteller das Wort an ihn oder singt eine Arie, *grüße er selbst währenddessen die Zuschauer in den Logen, lächle Orchester und Statisten zu etc.*, damit das Publikum auch wirklich bemerkt, daß er der Sänger ALIPIO FORCONI [28] ist und nicht etwa *Fürst* ZARATHUSTRA, den er darstellt.

Bis zum Ende des *Vorspiels* seiner *Arie* ziehe sich der SÄNGER *in die Kulissen zurück, nehme eine Prise Schnupftabak, teile Freunden mit, nicht bei Stimme und sogar erkältet zu sein etc.* Singt er dann endlich die *Arie*, lege er Wert darauf, sich bei der *Kadenz* so lange *austoben* zu können, wie es ihm gefällt. Dann ergehe er sich in völlig willkürlichen *Koloraturen* und *blumigen Verzierungen*, bis der Kapellmeister endlich *die Hände von den Tasten des Cembalos hebt, sich eine Prise Schnupftabak genehmigt* und so in aller Ruhe abwartet. Der SÄNGER seinerseits sollte bei dieser Gelegenheit *mehrfach Atem holen, bevor er mit einem Triller schließe, den er ohne vorbereitende Messa di voce von Anfang an in halsbrecherischem Tempo und allerhöchster Lage zu singen suche.*

Seine *szenische Darstellung* sei rein willkürlich. Da der moderne SÄNGER die *Aussage* seines *Textes* nicht zu verstehen braucht, ist er auch an keinerlei *Haltung* oder Gestik gebunden. Seine *Auftritte* entsprechen grundsätzlich denen der *Primadonna* oder erfolgen in Richtung der *Sängerloge*.

---

heute noch als Voraussetzung für den *Belcanto* und als Prüfstein für gute Stimmbildung.

[28] *Forcone* = Mistgabel.

Den *da-capo*-Teil einer *Arie* variiere er komplett *nach seinem Geschmack*. Sollten seine *Veränderungen* dann nicht mehr zum *Basso continuo* oder der Violinstimme passen und das *Tempo geändert* werden müssen, wäre dies nicht weiter schlimm: Der Komponist hat ja (wie oben bereits erwähnt) ohnehin schon *resigniert*.

Stellt der SÄNGER einen *Gefangenen, Sklaven etc.* dar, sollte er *sorgfältig gepudert* auftreten, *mit juwelenbesetztem Kostüm, sehr hohem Helmschmuck, einem Schwert und extra langen glänzenden Ketten*. Mit diesen *rassle* und *klirre* er dann *pausenlos*, um *Mitleid etc.* beim Publikum zu erregen.

Er bemühe sich um *Förderung* durch eine wichtige *Persönlichkeit* mit dem Ziel, sich in den Textbüchern fortan als *Hof-, Kammer- und Land*VIRTUOSE *etc.* des betreffenden Herrn bezeichnen zu können.

Besitzt der Intendant einen zweifelhaften Ruf, verlange er von ihm eine *Bürgschaft, Reisekosten-* und *Spesenerstattung*. Bleibt er damit erfolglos, *singe* er nichtsdestotrotz, nehme aber für alle Fälle vorab *Freikarten, reservierte Logen, Hoffnungsäußerungen, Dankbarkeitsbezeugungen etc.* entgegen.

Nur schwer lasse sich der moderne SÄNGER dazu bewegen, bei Gesellschaften aufzutreten. Sollte dies doch einmal der Fall sein, *begebe er sich dort umgehend zu einem Spiegel, um sich die Perücke zu richten, die Ärmel zu glätten und die Halsbinde zu lüften, damit jeder den unvermeidlichen Diamantknopf sehen kann etc.* Dann schlage er lustlos einige Töne auf dem Cembalo an und singe auswendig, wobei er *mehrfach neu ansetze*, als könne er sich nicht mehr erinnern. Ist die *Gefälligkeitsarie* beendet, beginne er eine (beifallheischende) *Unterhaltung mit irgendeiner Dame*, der er von *Reiseerlebnissen, Briefwechseln, politischen Machenschaften etc.* erzähle. *Er diskutiere dann über das Genie, seufze mit verdrehten Augen einer Affäre hinterher, wobei er sich pausenlos die Locken seiner Perücke über die Schultern werfe. Der Dame biete er ständig aus einer jeweils anderen Dose* (in der sein Portrait abgebildet ist) *Schnupftabak an. Er zeige ihr einen großen Diamanten, in den Passagen, Kadenzen, Triller und neben einigen Gewaltszenen auch Sonette, erlegte Bären etc. etc. minutiös eingearbeitet sind. Dieser sei, so erzähle er, von einem eminenten Gönner in Auftrag gegeben worden,* den er nicht nenne könne, um ihn nicht zu kompromittieren etc. etc. etc. etc.

Befindet sich der moderne SÄNGER in Gesellschaft eines bedeutenden Gelehrten, lasse er diesen bewusst niemals rechts gehen,[29] da die meisten Menschen ja den SÄNGER als einen KÜNSTLER schätzen, einen *Gelehrten* jedoch für nichts besonderes halten. Statt dessen überrede er den *Gelehrten,* sei er *Philosoph, Dichter, Mathematiker, Arzt oder Redner etc.,* doch auch SÄNGER zu werden, indem er ihm ernsthaft zu bedenken gebe, daß es SÄNGERN (über ihre ehrenvolle Stellung hinaus) nie an Geld mangele, während die meisten *Gelehrten* am Hungertuch nagten.

Interpretiert der *Sänger* überwiegend *Frauenrollen,* trage er immer ein *Täschchen* mit *Schönheitspflästerchen, Lippenstift, Handspiegel etc.* bei sich und *rasiere sich* zweimal täglich.

Der moderne *Sänger* stelle *völlig überhöhte Gagenforderungen,* ist er doch das ganze Jahr über gezwungen, den Lebensstil eines *Hauptmanns* oder *Generals* samt seiner *Armee,* eines *Fürsten, Königs* oder *Kaisers* nebst *Hofstaat, Ministern, Sekretären, Beratern etc.* zu führen. *Seinem Diener schenke er großzügig die zu seinen Kostümen gehörigen Handschuhe, Schuhe, Strümpfe und Stiefel* - und zwar um so lieber, ist dieser auch noch ein bisschen mit ihm *verwandt.* Während der Verhandlungen zwischen Sänger und Intendanten ziehe sich besagter *Diener* dann seinerseits mit einem *Souffleur, Orchestermitglied* oder *Theatermaler* zurück und erzähle ihnen phantastische *Erfolgsgeschichten seines* Herrn ALIPIO. Er versichere, *der Intendant tue gut daran, diesen blind zu engagieren, denn ihm sei nirgends ein Mißerfolg beschieden gewesen, er sei bei größten Anstrengungen unermüdlich, nie erkältet und habe immer die allerneuesten Triller und Kadenzen auf Lager etc. etc.*

Tenöre wie *Bässe* können gleichermaßen alle bisher

---

[29] Siehe Kapitel 2 „Für Komponisten": Wie man heute 'den Vortritt läßt', ließ man zu Marcellos Zeit 'rechts gehen'.

gegebenen Tips befolgen. Dem wäre lediglich hinzuzufügen, daß ein BASS mit Hilfe von *Passagen* und *Spitzentönen tenoral singen*, ein TENOR jedoch so tief wie möglich in das Register des BASSES *hinabsteigen* und im *Falsett* die Höhe einer ALTSTIMME erreichen sollte. Ob er dabei *nasaliert* oder die *Stimme* auf den *Kehlkopf* drückt ist völlig egal. TENÖRE und BÄSSE müssen meistens auch *komponieren* und sich bei Repliken älterer Opern die Arien selber machen können, wobei sie auf der *Bühne mit der Hand oder dem Fuß* den Takt dazu schlagen.

Ist der SÄNGER *Altist oder Sopranist*, sollte er einen guten Freund haben, der ihn bei Gesellschaften rechtfertigt: So bescheinige er ihm (dafür lege er seine Hand ins Feuer) *eine ehrbare und angesehene Familie*. Er füge hinzu, *besagter 'Einschnitt' habe aufgrund einer lebensgefährlichen Erkrankung vorgenommen werden müssen*. Zudem sei *einer der Brüder Professor für Philosophie, ein anderer Arzt, eine Schwester Nonne und eine andere mit einem Herrn aus der Stadt verheiratet etc. etc. etc.*

Wird der moderne SÄNGER bei einem *Bühnenduell* am Arm *getroffen, agiere* er danach mit dem *'verletzen' Arm* weiter, als sei nichts geschehen. Muß er *Gift trinken*, singe er seine *Arie* mit dem fatalen *Kelch in der Hand, drehe ihn hin und her*, da er ja ohnehin *leer* ist.

Er sollte sich ein *persönliches Repertoire an speziellen Gesten* zulegen - sei es der *Hand* oder des *Knies* oder des *Fußes* -, das er im Verlauf einer jeden Oper wechselweise nacheinander abspule.

Versingt er sich in einer *Arie* mehr als einmal oder erhält keinen Applaus, behaupte er, die *Arie sei für die Bühne ungeeignet* und zudem *unsingbar etc.* Er verlange deren umgehende Änderung und weise darauf hin, *daß die SÄNGER* und nicht etwa der Komponist *sich schließlich vor dem Publikum verkaufen müßten*.

Er umschmeichle alle *Sängerinnen* und ihre *Gönner*, ohne je die Hoffnung zu verlieren, daß sein *Können* und seine *außergewöhnliche Bescheidenheit* ihm einmal den *Titel* eines

FÜR SÄNGERINNEN

Die *moderne* GESANGSVIRTUOSIN muß ihr Bühnendebüt unter allen Umständen vor ihrem *dreizehnten* Lebensjahr geben. Bis dahin braucht sie nicht besonders gut lesen gelernt zu haben, da dies für *heutige* SÄNGERINNEN ohnehin nicht notwendig ist. Daher sollte sie einige *ältere Opernarien, Menuette, Kantaten etc.* perfekt auswendig beherrschen, um sie bei jeder sich bietenden Gelegenheit von neuem vortragen zu können. Auch darf sie *niemals Stimmübungen machen* oder *je gemacht haben*, um die dem *modernen* SÄNGER oben aufgezeigten Risiken von vorne herein auszuschließen.

Fragt ein Intendant *schriftlich* wegen eines Engagements an, sollte sie nie sofort antworten und ihm in den ersten *Reaktionen* zu verstehen geben, *sich nicht so rasch entscheiden zu können, da sie noch anderweitige Verpflichtungen habe* (obwohl dies nicht der Wahrheit entspricht). Nimmt sie das Angebot schließlich an, beanspruche sie grundsätzlich die *Hauptrolle*, begnüge sich im Falle einer Ablehnung jedoch auch mit der *zweiten, dritten* oder gar *vierten* Nebenrolle und schließe darüber einen ähnlich lukrativen *Vertrag* [30] ab, wie ihre *männlichen Kollegen*. Hat sie noch einen *Onkel, Bruder, Vater* oder *Ehemann*, der Orchestermusiker, Sänger, Tänzer oder Komponist etc. ist, stelle sie die Bedingung, diesen ebenfalls zu engagieren.

Sie bitte um sofortige Zusendung ihrer *Partie*, die sie dann gemeinsam mit Maestro CRICA [31] und den entsprechenden *Variationen, Passagen, Verzierungen* etc. einstudiere. Dabei versuche sie gar nicht erst die *Textaussage* zu verstehen oder etwa jemanden zu finden, der sie ihr erklären könnte.

Allerdings sollte sie irgendeinen *Anwalt* oder *Hausarzt*

---

[30] Die Gage der *Primadonna* umfaßte damals bis zu 50% des gesamten Opernbudgets.

[31] Siehe Kapitel 21: „Für Gesangslehrer".
  Cric = Krach, Klirren; *Cricca* = Klüngel, Sippschaft.

28

kennen, der ihr zeigt, wie sie *Arme und Füße zu bewegen, den Kopf zu drehen und sich die Nase zu putzen* hat etc. - ohne ihr jedoch die Motivationen dafür zu erläutern, um sie nicht zu sehr zu verwirren.

Die *Koloraturen, Variationen, eleganten Wendungen etc.* lasse sie sich von Maestro CRICA in jenes *unvermeidliche* dafür vorgesehene *Buch* notieren, das sie auf allen Gastspielen mit sich führe.

Sie singe dem Intendanten nie bei der ersten Begegnung vor, sondern entschuldige sich (stets im Beisein ihrer MUTTER): [32] *„Bitte haben Sie Verständnis, wenn ich heute Abend nichts mehr für Sie tun kann. Bei dem Krach in diesem verdammten Kahn habe ich die ganze Nacht über kein Auge zugetan. Er war randvoll mit ein paar Dutzend Idioten von denen zwei oder drei geraucht haben. Mir wurde davon so schlecht und schwarz vor Augen, daß es mir jetzt noch nachgeht."* Und die MUTTER zum Schluss: *„Ach, mein lieber Herr Intendant, auf diesen verflixten Reisen macht man schon was mit."*

Wiederholt der Intendant seinen Besuch später gemeinsam mit dem Komponisten der Oper, um die SÄNGERIN *anzuhören*, singe sie - nach viel *Getue* und *Entschuldigungen* - die übliche Kantate vor:

Impara a non dar fede [33]
A chi fede ti giura, anima mia.

(*„Lerne, meine Seele, dem nicht zu vertrauen,
der Dir Treue schwört."*)

Fallen ihr hierbei keine *grazilen Wendungen* ein, bitte sie sofort die MUTTER, ihr das *Buch mit den Verzierungen* aus dem *Reisekoffer* [34] zu holen, welche sie dann jedoch nicht *im*

---

[32] Wörtliche Rede: Originaltext im Dialekt der Region Bologna - einer Hochburg der Sängerausbildung dieser Zeit.

[33] Von Giovanni (Battista?) Bononcini.

[34] Ital. *baulo*: daher die Bezeichnung *Aria di baulo* für immer wieder aufgewärmte und überall eingesetzten Standardarien.

korrekten Tempo singe. Dies kommentiere sie: *„Verzeihen Sie, das Stück habe ich schon eine ganze Weile nicht mehr gesungen, und dann ist dieses Cembalo auch höher gestimmt als meines. Das Rezitativ ist einfach zu melancholisch und die Arie an sich liegt mir ganz und gar nicht,"* etc. Dabei rührt ihr eigentliches Problem daher, nicht vom immer gleichen Maestro CRICA begleitet zu werden.

Wird die SÄNGERIN mitten in der *Arie* von einen *Hustenanfall* geschüttelt, eile ihr die MUTTER zu Hilfe: *„Also, in Wahrheit hat sie diese Kantate erst vor kurzem zugeschickt bekommen und singt sie jetzt vom Blatt. Doch sie könnte wunderbar Arien aus dem 'Giustino' und dem 'Faramondo'[35] vorsingen, die noch dazu besser sind als diese da. Außerdem wäre da noch die Arie mit dem FROST und der HITZE, und die andere mit dem SO-UND-SO-UND-SO und die MAN-KANN-HALT-NICHT, die Szene mit dem TASCHENTUCH, die mit dem DOLCH und die WAHNSINNSSZENE, die das Mädchen alle ganz hervorragend beherrscht."*

Die SÄNGERIN bemühe sich um *Empfehlungsschreiben* an *vornehme Damen, adelige Herren, Ordensfrauen etc.*, die sie bei einem Höflichkeitsbesuch übergebe. Unter dem Vorwand *nicht weiter stören zu wollen*, lasse sie sich dort im Folgenden nie wieder blicken, es sei denn, ihr werden regelmäßig *Geschenke* gemacht.

Es wäre aber für sie noch weit vorteilhafter, sich einem *reichen* und *großzügigen Kaufmann* vorstellen zu lassen, da dieser sie mit *Wein, Feuerholz, Kohle etc.* versorgen, *sie häufig zum Mittagessen einladen und zum Abendessen erwarten wird etc.*

Trägt sie die Kosten ihrer Unterkunft selbst, begnüge sie sich mit einer winzigen Wohnung, *vorausgesetzt, diese befindet sich in Theaternähe*. Wichtige Persönlichkeiten empfange sie dort gewöhnlich mit den Worten: *„Meine Herrschaften verzeihen Sie, daß ich Sie in eine so armselige Hundehütte kommen lasse. Es sieht hier ja wirklich aus wie in so einer Absteige am*

---

[35] Unendlich oft (u.a. von G. Legrenzi und C. Fr. Polarolo) vertonte Libretti von Nicolò Beregan und Apostolo Zeno.

30

Rindermarkt. Aber man muß sich halt so gut es geht arrangieren, um in der Nähe des Theaters zu sein. Sicher, in meiner Heimatstadt besitze ich auch nur ein ganz bescheidenes Häuschen, doch trifft sich dort die auserlesenste und vornehmste Gesellschaft."

Sie suche sich einen *ständigen persönlichen Gönner,* [36] der sich Herr PROCOLO [37] nennt. Auch muß sie (wie oben bereits dem SÄNGER empfohlen) ständig an *Husten, Erkältung, Blutwallungen, Kopf-* und *Halsschmerzen, Seitenstechen etc.* leiden und lauthals jammern: *„Ach, ich weiß wirklich nicht, was für eine verfluchte Stadt das ist: Durch die Luft hier wird mein Kopf schwer wie ein Ziegelstein, und dann das Brot und der Wein, die es hier zu kaufen gibt: Ich bekomme davon solche Magenkrämpfe, daß ich's überhaupt nicht mehr aushalten kann."*

Besuchen sie Librettist und Intendant, um ihr das Textbuch vorzulesen, sollte sie kaum ihre eigene *Partie* verfolgen, jedoch darauf bestehen, daß diese *nach ihren Vorstellungen* überarbeitet wird, so z.B. durch *Hinzufügung und Streichung zahlloser Rezitativverse, Weinkrämpfe, Wahnvorstellungen, Verzweiflungsszenen etc. etc. etc.*

Bei Proben lasse sie ständig auf sich *warten,* erscheine dann am Arm des Herrn PROCOLO und begrüße alle Umstehenden mit einem Augenzwinkern. Macht ihr Herr PROCOLO deswegen Vorhaltungen, stauche sie ihn zusammen: *„Was sollen denn diese Grimassen und übertriebenen Eifersüchteleien? Bist Du übergeschnappt? Weißt Du denn nicht, daß sowas zu meinem Beruf gehört? Ach, ich bin Dich jetzt schon leid"* etc.

In der ersten Probe sollte sie keine ihrer *Arien* singen und auch die mit Maestro CRICA dazu einstudierten *Koloraturen* und *Kadenzen* erst bei der Generalprobe auf der Bühne ausführen.

Das *Orchester* heiße sie mehrfach von *vorne anfangen* und bestehe darauf, daß alle *Arien* entsprechend der o.g. Ver-

---

[36] Zu den höchst unterschiedlichen Bedeutungen des italienischen Begriffes *protettore* siehe Kapitel 19 „Für Gönner der Sängerinnen".
[37] Etwa: „Herr Zum-Ausmergeln".

zierungen langsamer oder *schneller* gespielt werden.

Sie fehle bei vielen Proben und lasse sich durch ihre MUTTER entschuldigen, die meist beteuern muß: „*Meine Herrschaften, haben sie bitte Verständnis: Das Mädchen hat heute Nacht kein Auge zugetan, denn von der Straße her kam ein solcher Krach, daß ich schon glaubte, ich höre den Leichenkarren aus Bologna. Dann ist das Haus voller Mäuse: Sobald man ein wenig eingenickt ist, stürzen sie sich auf einen wie tausend Teufel. Zu guter Letzt hat sie gegen Morgen ihre Nachthaube verloren und nicht wiedergefunden. Deshalb liegt sie jetzt erkältet im Bett, und ich glaube nicht, daß sie heute noch einmal aufstehen wird.*"

Mit ihrem *Kostüm* sei die SÄNGERIN grundsätzlich unzufrieden und behaupte, es sei *zu schlicht, zu unmodern* oder *bereits getragen.* Sie dränge Herrn PROCOLO daher, es neu machen zu lassen und *schicke ihn* pausenlos *zwischen Schneider, Schuhmacher, Perückenknüpfer etc. hin und her.*

Gleich nach der Premiere der Oper schreibe sie in Briefen an Freunde, *daß ihr die Kollegen leid tun. Sie selbst müsse jede Arie, die Rezitative, die Gesten, das Naseputzen etc. wiederholen,* während die *So-und-so,* die ja sonst immer soviel *Aufsehen* erregte, kaum *Gehör* fände. Die *singe auch völlig falsch,* ihr *Triller sei schlecht,* ihre *Stimme dünn,* sie *spiele miserabel etc. etc.* In Wirklichkeit ist sie selbst jedoch über den Beifall, den alle anderen ernten, zutiefst verbittert.

Auf der Bühne sollte sie mit *Fächer* oder *Fuß* zu jeder Arie den Takt schlagen. Interpretiert die SÄNGERIN die *Hauptrolle,* verlange sie für ihre MUTTER einen Ehrenplatz in der *Sängerloge.* Diese muß dort jeden Abend *weiße Taschentücher, Seidentüchlein, Pantoffeln, Fläschchen mit Gurgellösung, Nadeln, Schönheitspflästerchen, Lippenstift, Wärmetopf,* [38] *Handschuhe, Puder, Taschenspiegel, das Buch mit den Verzierungen etc. etc. etc.* für sie bereithalten. Die SÄNGERIN achte darauf, in den *Arien* vor allem die letzte Silbe jedes *Wortes* zu dehnen, wie etwa *süßeeee...., Redeeee..., dieseeee...., Hochmuuuut....,*

---

[38] Ital. *scaldino:* Ein mit Glut und Asche gefüllter Henkeltopf aus Keramik oder Eisen, diente zum Wärmen der Hände.

Gatteeee.... etc. etc. etc. *Singt sie falsch, kommt aus dem Takt etc.*
und bemerkt dies zufällig auch, schimpfe sie: „*Diese verflixten Cembali sind heute abend unglaublich hoch gestimmt! Und das nur wegen der gnädigen Herrschaften vom Intermezzo, die glauben, in dieser Oper drehe sich alles nur um sie. Und dann klingt dieses Orchester schlimmer als ein Rudel Blinde, die in den Spinnereien aufspielen. Nicht eine Arie haben sie mir im richtigen Tempo gegeben.*"

Vor jedem Auftritt genehmige sie sich eine Prise vom *Schnupftabak* ihres *Gönners,* eines *Freundes* oder *sie verehrenden Statisten.* Begleiten sie Freunde beim Verlassen des Theaters, bitte sie diese um *Tücher,* um sich vor *Luftzug* zu *schützen.* Nebenbei weise sie ihre MUTTER - aus gutem Grund – an, *aufzupassen:* „*Du mußt dafür sorgen, daß diese Tücher ihren Besitzern zurückgegeben werden.*"

Auf der Bühne sollte sie möglichst häufig mal den *rechten,* mal den *linken Arm heben, wobei sie pausenlos den Fächer von einer Hand in die andere wechsle, in jeder Pause der Arien auf den Boden spucke und kontinuierlich mit verdrehtem Kopf, schiefem Mund und verrenktem Hals singe.* In *Hosenrollen* achte sie darauf, *ständig den einen oder anderen Handschuh hochzuziehen, sich besonders viele Schönheitspflästerchen ins Gesicht zu kleben und bei ihren Auftritten regelmäßig Degen, Helmschmuck, Perücke etc. zu vergessen.*

Bei Dialogszenen oder während der *Arie* eines anderen Darstellers kann die *moderne* SÄNGERIN (wie bereits oben dem SÄNGER empfohlen) die *Zuschauer in den Logen* grüßen, *dem Kapellmeister, Orchester, den Komparsen, Souffleuren etc. zulächeln und dann das Gesicht hinter ihrem Fächer verbergen,* damit das Publikum in ihr die Frau GIANDUSSA PELATUTTI [39] erkennt und nicht etwa die *Kaiserin* FILASTROCCA, [40] die sie darstellt. Deren majestätisches Gehabe darf sie dann außerhalb des Theaters zur Schau tragen.

---

[39] Etwa „Hannchen Schröpft-sie-alle".

[40] Etwa „Kaiserin Wortschwall" oder „Kaiserin Kinderreim".

33

Immer wieder verkünde sie, nach der Karnevalssaison heiraten zu wollen und bereits mit einer hochstehenden Persönlichkeit verlobt zu sein. Nach ihrer *Gage* befragt, bezeichne sie diese als *nicht der Rede wert*, aber sie sei ja ohnehin nur *gekommen, um sich hören zu lassen und Anteilnahme zu erfahren.* Aus diesem Grund weise sie dann auch weder *Gönner* noch *Freunde* jeglicher *Herkunft, Nationalität,* jedes *Berufsstandes, Vermögens etc.* zurück.

Als *Primadonna* übernehme sie die *szenische Leitung* für das gesamte *Ensemble.* Singt die *Sängerin* lediglich eine *Nebenrolle,* erwarte sie vom Librettisten, *als erste* die Bühne betreten zu dürfen. Gleich nach Erhalt ihrer *Partie* zähle sie die *Noten* und *Wörter* darin. Sind es *weniger* als in der Partie der *Primadonna,* zwinge sie *Librettisten* wie *Komponisten,* beide einander quantitativ anzugleichen. Sie lege auch Wert darauf, der *Primadonna* in Bezug auf *Schleppenlänge, Schminke, Schönheitspfläschterchen, Triller, Verzierungen, Kadenzen, Gönner, Papagei, Käuzchen etc. etc.* in nichts nachzustehen.

Bei ihren Stippvisiten in den verschiedenen Logen beschwere sie sich ständig: „*Meine Partie liegt mir ganz und gar nicht, und außerdem kann ich heute Abend den Mund nicht richtig aufmachen. Sowas ist mir in allen Städten, wo ich mein Lebtag gesungen habe, noch nie passiert. Überhaupt ist es unmöglich zu spielen und eine solche Musik im richtigen Tempo zu singen: Sie ist so rasend schnell, daß man keine einzige Verzierung machen kann. Wenn der Intendant oder der Kapellmeister nicht zufrieden sind, dann sollen sie doch herkommen und das selber singen. Ich, für meinen Teil, habe die Nase gestrichen voll. Sollten die mir weiter auf die Nerven gehen, bin ich dreist genug, sie einfach sitzen zu lassen. Vor deren Launen habe ich erst recht keine Angst, und ich kenne auch meine Protektoren"* etc.

Die moderne SÄNGERIN kreiere sich *Kadenzen* aus *hunderten Einzelfiguren,* wobei sie (wie oben dem SÄNGER geraten) unbedingt *mehrfach Atem hole, keinen Spitzenton auslasse und den Triller stets mit verrenktem Hals singe.* Erkundigt sich der Komponist nach ihrem *Stimmumfang,* gebe sie ihm immer *zwei* oder *drei* zu *hohe* und zu *tiefe* Töne an.

Sie schmuggle (zur Förderung von *Besucherzahlen* und *Renommee* der Oper) jeden Abend *zehn* bis *zwölf* Verehrer gratis in die Vorstellung - neben Herrn PROCOLO, noch einige Vize-PROCOLOs, den *Gestiklehrer etc. etc. etc.*

Beim *Vorsingen spiele* die SÄNGERIN dem Intendanten am Cembalo ganze Szenen vor, während sie dramatische Dialoge im *Sitzen* vorführe und sich als Anspielpartner entweder ihre MUTTER, ihren *Gönner* oder das *Dienstmädchen* dazuhole.

Sie sollte regelmäßig Generalproben in anderen Theatern besuchen und den dortigen *Sängern* immer dann applaudieren, wenn sonst allgemeine Stille herrscht, damit auch alle wissen, *daß sie da ist.* Die Umstehenden lasse sie wissen: *„Warum kriege ich bloß nie diese Arie mit so einem Rezitativ, oder diese Szene mit dem Dolch oder dem Gift oder die mit dem Weinkrampf auf Knien? Seht nur, wie diese 'großartige Virtuosin' jeden einzelnen Ton auslutscht - und dafür bekommt sie 5555 Lire in unserer Währung! Solche Glücksgriffe mache ich nie: Immerzu bekomme ich dieselben nichtssagenden Rollen, diese ewigen Monologe, diesen blödsinnigen Klamauk, wo man nicht einmal das bißchen Können zeigen kann, was man hat"* etc. etc.

Nach Erhalt der *Partie* in einer weiteren Oper, schicke sie die Arien (die sie zur Zeitersparnis ohne Baß hat kopieren lassen) umgehend an Maestro CRICA, damit er seine *Koloraturen, Variationen, Verzierungen etc.* dazu notieren kann. Ohne die *Tempo*-Absichten des Komponisten oder etwa den Verlauf der *Continuo-* bzw. *Orchesterstimmen* zu kennen, schreibe Maestro CRICA nun seinerseits alles, was ihm so in den *Sinn* kommt, unter den Gesangspart in das freie *Baßsystem* - und zwar in möglichst vielen Versionen, damit die SÄNGERIN jeden Abend etwas anderes singen kann.

Auf Lob sollte die SÄNGERIN stets antworten, *sie sei nicht bei Stimme, könne momentan nicht gut singen und sei überhaupt ganz aus der Übung etc.* Vor der Abreise aus ihrem Heimatort verlange sie vom Intendanten die Hälfte der *Gage* im voraus zur Deckung der *Fahrtkosten,* um ihren *Gönner neu einzukleiden* und *sich mit Watte,*[41] *Trillern, Vorschlägen etc. etc. einzudecken.* Sie führe einen *Papagei, ein Käuzchen, einen Kater, zwei Welpen, eine trächtige Hündin und andere Tiere* mit sich, die Herr PROCOLO allesamt *während der Reise füttern und tränken* muss.

Zu einer anderen *Sängerin* befragt antworte sie: *„Ach, die kenne ich nur vom Hörensagen und hatte noch nicht das Vergnügen, mit ihr aufzutreten."* Hat diese bereits einmal mit ihr gesungen, nehme sie alles zurück: *„Schweigen ist besser als schlecht reden ... Außerdem hatte sie damals eine winzige Partie mit nur drei Arien von denen ihr in der zweiten Vorstellung bereits zwei gestrichen wurden. Überhaupt ist sie so dick geworden, daß sie aussieht wie ein Sack mit Kleidern. Wenn es blitzt fängt sie an zu schielen, aber auf der Bühne ist sie eine wahre Furie. Zudem ist sie neidisch und heult, wenn andere Applaus bekommen. Ich weiß sogar, daß sie schon einige Jährchen auf dem Buckel hat, auch wenn ihr Gönner und ihre Mutter so tun, als sei sie noch ein halbes Kind. Bei ihrem letzten Konzert hat sie ihren Ruf endgültig ruiniert",* etc. etc.

Für die *Primadonna* sei die *zweite Sängerin* Luft, für die *zweite* die *dritte* etc. Sie *ignoriere sie auf der Bühne* und gehe bei ihrer *Arie* ab, um *sich vom Gönner eine Prise Schnupftabak geben zu lassen, sich die Nase zu putzen, sich im Spiegel zu betrachten etc. etc.*

Sollte die SÄNGERIN in einer *aktionsgeladenen Partie* keinen Beifall bekommen, behaupte sie, immerzu mit *Dem-und-dem* oder *Der-und-der* spielen zu müssen, die sie ständig ausbremsten. Bei einer eher *handlungsarmen Rolle* protestiere sie hingegen, Librettist und Komponist hätten sie *zu Grunde gerichtet* - und das, wo sie doch vorab genauestens auf ihre Fähigkeiten hingewiesen worden seien - wobei Herr PROCOLO dies mit entsprechenden *Bitten* und *Geschenken* noch bekräftigt habe.

---

[41]   Wahrscheinlich zum Ausstopfen des Mieders.

Sie schere sich nie um die Meinung des Intendanten, außer wenn es darum geht, sich über ihre *Partie* zu beschweren, zu spät zu Proben zu kommen, Arien auszulassen etc.

Viele der ihr zugedachten Verehrer-Sonette hänge sie im *Einsingzimmer* auf, lasse jedoch die auf Seide gedruckten von ihrer MUTTER zu *Tischdeckchen, Brusttüchern etc.* verarbeiten, egal ob sie *farblich zusammenpassen.* Sollte ihr Gönner sie einmal nicht begleiten, schicke sie ihm *Textbuch, Arien, Sonette* und *Epigramme* sowie *einige Stoffproben ihres Kostüms* zu. Am Beginn jeder *Arie* starre sie gebannt zum Kapell- oder Konzertmeister und warte auf dessen *Zeichen für ihren Einsatz etc.*

Die *moderne* SÄNGERIN verwende ihre ganze Energie darauf, ihre Arien allabendlich zu variieren. Es macht dabei nichts wenn die jeweiligen *Verzierungen* dann nicht mehr zum *Basso continuo* und den *konzertierenden* bzw. *colla parte* spielenden *Violinen* passen oder wenn sie sich dabei selbst dabei total *versingt:* Der *moderne* Kapellmeister ist ja sowieso bereits *taub und stumm.* Hat sie die gesamte Arie *restlos variiert,* versuche die SÄNGERIN noch in den *Triller* Koloraturen mit einzuflechten. Hierin erschöpft sich nämlich das gesamte Können heutiger SÄNGERINNEN.

Bei Duetten singe sie nie mit dem Partner zusammen und schleppe vor allem in der *Kadenz,* indem sie sich in einen *langen Triller* verbeiße. *Leise ausklingende Arien* lehne sie kategorisch ab, aus Angst bei ihren Abgängen auf die üblichen *Viva-* oder *Gute-Reise*-Rufe des Publikums verzichten zu müssen.

Das *Textbuch* einer Oper lese sie keinesfalls ganz, da es die moderne SÄNGERIN (wie oben bereits erwähnt) überhaupt nicht verstehen sollte. Daher ist sie gut beraten, sich *bei der dramatischen Auflösung in der letzten Szene möglichst unbeteiligt zu zeigen, in Gelächter auszubrechen etc.*

In für den Fortgang der Handlung wichtigen *Arien* oder *Rezitativen* sollte sie genau darauf achten, jeden Abend dieselben *Bewegungen mit der Hand, dem Kopf und dem Fächer* zu machen und *sich im immer gleichen Moment die Nase mit einem hübschen Taschentuch zu putzen*, das sie sich zuvor, vorzugsweise während irgendeiner *hochdramatischen Szene*, von einem *Pagen* hat bringen lassen.

Läßt die SÄNGERIN einen anderen Darsteller in Ketten legen, wobei sie in einer *Arie* ihre *Verachtung* zum Ausdruck bringt, sollte sie während des *Ritornello mit jenem Kollegen plaudern, herumalbern, ihm ihre Verehrer in den Logen zeigen etc.*

Arien mit Worten wie *Grausamer, Verräter, Tyrann etc.* richte sie immer an ihren *Gönner* in der *Loge* oder hinter den Kulissen. Die anderen, in denen *Teurer, mein Leben* etc. vorkommt, singe sie zum *Souffleur*, dem *Bären* oder zu irgendeinem *Statisten*.

Sie bemühe sich, in alle *Arien*, seien sie *bravourös, pathetisch, heiter etc.*, jene brandneue *Passage aus gebundenen Sechzehnteltriolen* einzubauen. Nur so kann sie *beim Singen* die *inzwischen unmodern gewordene Abwechslung* so weit wie möglich ausschließen. Auch steigt mit der *Höhe ihres Soprans* die Wahrscheinlichkeit, eine *Hauptrolle* zu ergattern.

Beim Applaus für jeden anderen Darsteller, *Bären, jedes Erdbeben etc.* breche sie (aus Künstlerneid) in Tränen aus und zwinge Herrn PROCOLO, ihr nach jeder Arie die unvermeidlichen SONETTE auf die Bühne zu werfen.

Interpretiert die SÄNGERIN eine *Hosenrolle*, erzähle ihre MUTTER herum: „*Oh, bei sowas kann keine meinem Töchterchen das Wasser reichen! Es schickt sich ja eigentlich nicht, aber ich muß einfach zugeben, daß sie es überall zu unsterblichem Ruhm gebracht ist. Sie mag ja ein bißchen bucklig und pummelig wirken, aber auf der Bühne ist sie aufrecht wie eine Spindel und zierlich wie ein Sperling. Sie ist flink, hat ein paar hübsche Beine, wie zwei Säulchen, und eine wunderschönen Gang. Außerdem können Sie sich ja umhören, wie sie im vergangenen Jahr die schwere Partie des Tyrannen in LUGO[42] (dort, wo die großartigen Opernspektakel gemacht werden) gesungen hat. Da waren alle ganz verrückt nach ihr.*"

---

[42]   Kleinstadt in der Nähe von Bologna.

38

Die SÄNGERIN beherrsche alle übrigen *Partien* auswendig besser als ihre eigene und singe diese hinter den Kulissen mit. Außerdem störe sie die anderen Darsteller so effektiv wie möglich bei ihren Arien, indem sie mit dem *Bären, den Statisten etc.* auf der Seitenbühne herumlärme. Erlaubt sich Herr PROCOLO aber, ein Mädchen zu *grüßen,* mit ihr zu *plaudern* oder ihr gar zu *applaudieren, fauche sie ihn wütend an: „Ist jetzt bald mal Schluß mit dieser Geschichte, oder soll ich Dir so viele Ohrfeigen und Fausthiebe auf Deine Nase verpassen, wie Du gerade verkraften kannst, alter Spinner? Genügt Dir eine nicht, mit der Du wahrhaftig schon alle Hände voll zu tun hast, daß Du unbedingt bei allen den Geck und Lackaffen spielen willst? Aber, ich weiß schon, wie ich diese Intrigantin dazu kriege, sich um ihren eigenen Dreck zu kümmern. Sie sollte besser auf sich aufpassen, ich bring' es sonst fertig und hau' ihr ihre Partie so oft in die Fresse, bis sie nur noch aus Fetzen besteht, etc. etc."*

Etc. etc. etc. etc.

FÜR INTENDANTEN

Der *moderne* Intendant sollte überhaupt keine Ahnung vom Theateralltag haben und auch nichts von *Musik, Poesie, Malerei etc.* verstehen.

Auf zweifelhafte Empfehlungen von Freunden hin stelle er *Bühnenbildner, Kapellmeister, Tänzer, Schneider, Statisten etc.* ein, achte *hierbei* jedoch auf höchste Sparsamkeit, um seine *Sänger* - insbesondere die *weiblichen* - den *Bären,* den *Tiger, die Blitze, Wetterleuchten, Erdbeben etc.* um so besser bezahlen zu können.

Dann suche er für sein Theater einen *Mäzen.* Gemeinsam mit diesem empfange er die von auswärts anreisenden *Sängerinnen* und übergebe sie bei ihrer Ankunft dessen Obhut – zusammen mit ihren *Papageien, Hunden, Käuzchen, Vätern, Müttern, Brüdern, Schwestern etc.*

Dem Librettisten lege er vor allem *hochdramatische Szenen* ans Herz. Auch ermahne er ihn, den Auftritt des *Bären* vorzugsweise an *Aktenden* zu legen und die gesamte Oper mit der *unvermeidlichen Hochzeit* oder einer *Wiedererkennung der verloren geglaubten Personen* durch *Orakelsprüche, sternförmige Leberflecke auf der Brust, Windeln* und *Muttermale auf dem Knie, der Zunge, den Ohren etc. etc.* zum Abschluß zu bringen.

Nach Erhalt eines brandneuen Textbuches begebe er sich – *ohne es vorher selbst zu lesen* - damit umgehend zur *Primadonna* und bitte sie, es sich anzuhören. Ist sie damit einverstanden, sollten bei der *Lesung* außer *ihr selbst* noch ihr *Gönner,* der *Anwalt,* die *Souffleure,* irgendein *Pförtner,* ein *Statist,* der *Schneider,* der *Kopist der Oper,* der *Bär,* der *Kammerdiener* des *Gönners etc.* zugegen sein. Sie alle werden ihren *Senf dazugeben,* mal an diesem, mal an jenem herumnörgeln. Der Intendant antworte dann seinerseits geschickt, er werde *für alles Abhilfe schaffen.*

Am *Vierten eines Monats* händige er dem Komponisten das Textbuch zur Vertonung aus und weise ihn darauf hin, die Oper unter allen Umständen am *Zwölften* herausbringen zu wollen. Der Komponist solle sich daher nicht unnötig mit *Fehlern, Quinten, Oktaven, Unisono-Stellen etc.* aufhalten, um schneller fertig zu werden.

Den *Theatermalern, Schneidern, Tänzern etc.* gebe er für die Oper einen finanziellen *Rahmen* vor, kümmere sich dann jedoch nicht weiter um die Qualität der Ausführungen, sondern verlasse sich statt dessen lieber voll und ganz auf oben erwähnte *Primadonna,* die *Intermezzi,* den *Bären,* die *Blitze,* die *Erdbeben etc.*

Die *Partie* des *Sohnes* besetze er grundsätzlich mit einem *Sänger,* der *zwanzig Jahre* älter ist, als die respektive *Mutter.*

Neben einem *Manuskript* der Opern habe er stets eine *Sanduhr,* eine *Elle,* [43] ein *Bindfadenknäuel etc.* vor Augen, *um die Länge des Werkes zu messen,* dazu einen *Scheffel* oder ein *Viertelmaß* in der Hand, womit er die *Koloraturen der Sängerinnen etc.* taxieren kann.

Beschweren sich bei ihm Darsteller über ihre *Partie,* gebe er Librettisten wie Komponisten die *ausdrückliche Anordnung,* die Oper zwecks deren Genugtuung zu *ruinieren.*

Jeden Abend verteile er *Freikarten* an seinen *Arzt, Anwalt, Apotheker, Friseur, Schreiner, Patenonkel* und an *Freunde* mit deren *Familienangehörigen,* um nicht vor *leerem Haus* zu spielen. Aus dem gleichen Grund halte er *Sänger* und *Sängerinnen,* den *Kapellmeister, Orchestermitglieder,* den *Bären,* die *Statisten etc.* an, ebenfalls allabendlich *fünf* bis *sechs Personen gratis* in die Vorstellung mitzubringen.

Eine Entscheidung über die *zweite* Oper der Saison treffe er nicht vor der Premiere der *ersten.* Aus purer Angst ertrage er geduldig alle, aber auch alle *Allüren* der *Sänger. Diese* könnten sich nämlich am Abend in der Vorstellung an ihm rächen, ihn tief demütigen, indem sie mit der *Fürsten, Königen, Kaisern etc.* eigenen Würde einfach *falsch singen, Arien auslassen etc.*

Das Opernensemble sollte überwiegend aus *Frauen* bestehen. Sind zwei *Sängerinnen* gleichermaßen für eine *Hauptrol-*

---

[43]   *Brazzolaro:* venezianische Elle.

le geeignet, lasse der Intendant den Librettisten zwei *Partien* entwerfen, die in der Anzahl ihrer *Arien, Verse, Rezitativen etc. exakt übereinstimmen* und achte darauf, daß auch beide Rollennamen aus genau *gleich vielen Silben* bestehen.[44]

Bei Entlohnung der *Kontrabassisten* und *Cellisten* am Ende einer *Vorstellung ziehe* er von deren Gage prozentual all die *Arien-Mittelteile ab*, in denen sie *nicht gespielt* haben. In diesem Zusammenhang lege er auch dem Komponisten nahe, besagte *Abschnitte* in den Arien möglichst ohne eine einzige *Baßnote* zu komponieren. Für die Gagen von *Sängern*, die *indisponiert* waren oder *falsch gesungen* haben, verwende er *Münzen von unreiner Legierung etc. etc.*

Er engagiere vorzugsweise *billige Sänger* und *Anfängerinnen*. Bei letzteren sorge er dafür, daß sie eher *hübsch* als *begabt* sind, da es ihnen so an *Gönnern* nicht mangeln wird. Gleich nach der Übernahme eines Theaters vermiete er umgehend die *Logen, Stühle, Galerieplätze*, die *Kantine etc*. Er zahle mit äußerster Pünktlichkeit seine Miete und decke sich vorsichtshalber für das ganze Jahr im voraus mit *Wein, Feuerholz, Kohle, Mehl etc*. ein.[45]

Auswärtigen Sängerinnen zahle der Intendant die Anreise, damit diese auch wirklich kommen. Er verspreche ihnen *eine gute Unterkunft unweit des Theaters, diverse Leckereien, Wäsche etc*. und quartiere sie dann (auf jeden Fall in Theaternähe) in einer *winzigen Besenkammer* ein, die allerdings mit *o.g. Aufmerksamkeiten* vollgestopft ist. Dann mache er in der ganzen Stadt mit ihrem *Können* Reklame, bis sich schließlich irgendein *Gönner* einfindet, der sich später freundlicherweise auch für ihn selbst einsetzten wird.

Zu seinem Ensemble befragt versichere er, es sei *ein Herz und eine Seele*, ohne jede *Feindseligkeiten*. Er habe darin ein *Mädchen*, das *in Hosenrollen Furore* machen werde, einen

---

[44] Ein berühmtes Beispiel ist G. F. Händels *Alessandro* (1724), mit zwei quantitativ exakt gleichen Partien für die *Primadonnen* Francesca Cuzzoni und Faustina Bordoni-Hasse als *Li-sau-ra* bzw. *Ros-sa-ne*!

[45] Wie etwa besagter Impresario Orsatto, der auf dem Originaltitelblatt dieses Buches in seiner mit Vorratssäcken überfüllten Barke thront.

völlig *neuer Bären, neue Blitze, Donner, Stürme etc.*, ein anderes *Mädchen* mit überaus feinsinnigem Witz für die *komischen Partien* und einen *Buffo*-Sänger, den er ganz *aufs Geratewohl* engagiert habe: Dieser koste ihn zwar ein Vermögen, sei jedoch der *beste Sänger* der ganzen Stadt.

Die erste Opernprobe sollte in der Wohnung der *Primadonna* abgehalten und später im Hause des *Theateranwalts* wiederholt werden. Von Seiten der *Sänger* um *finanzielle Garantien* ersucht, antworte er, *sie selbst müßten ihm erst dafür bürgen, dem Publikum auch zu gefallen.*

In *schlecht verkauften* Vorstellungen erlaube der *moderne* Intendant den *Sängern*, nur *halbe Arien* zu singen, *Rezitative* zu überspringen, *hinter der Bühne lauthals herumzualbern etc.* Das Orchester darf sich dann das *Einharzen der Bögen* sparen, der *Bär seine Szene auslassen*, und den *Statisten* gestatte er, mit dem *König* oder der *Königin* ein *Pfeifchen zu rauchen, etc.*

Kommt es mit den *Sängern* bezüglich der *Gagen* zu größeren *Unstimmigkeiten*, verlange der Intendant von diesen *Wiedergutmachungen* für *falsch gesungene Tönen, zu geringen szenischen Einsatz, Erkältungen etc.* Er besuche regelmäßig alle *Sängerinnen* und bitte sie, sich vor *Zugluft* zu *schützen.* Dabei versichere er ihnen, *die ganze Stadt* sei von ihrer *Schminke,* ihren *Kostümen, Schönheitspflästerchen, Fächern, etc.* entzückt, und sie würden schon bald mit *Verehrer-Sonetten* auf *Silbertellern* überschüttet werden. Ihm sei ohnehin eine *saubere Tongebung* und *Diktion* völlig gleichgültig, solange sie nicht an den gewohnten Stellen ihre *Gestik* vernachlässigten *etc.*

Dem Komponisten empfehle er *mitreißende, ausgelassene Arien* etc. etc. - vorzugsweise nach erschütternden Szenen. Auch scheue er sich nicht, *schwangere verheiratete Sängerinnen* zu engagieren, vor allem wenn in dem jeweiligen Stück eine *schwangere Königin* oder *Kaiserin* vorkommen sollte.

Etc. etc. etc. etc.

FÜR ORCHESTERMITGLIEDER

Der *Violinvirtuose* muß in erster Linie *gut rasieren, Hühneraugen ausschneiden, Perücken kämmen* und *komponieren* können. Er sollte zuerst gelernt haben, nach *beziffertem Baß* zum *Tanz* aufzuspielen und nie das *Tempo* zu halten. Seine *Bogenführung* sei mäßig, er habe jedoch einen ausgezeichneten *Fingersatz.*

Im Orchester richte er sich nie nach dem Kapell- oder *Konzertmeister.* Seinen Bogen führe er in notorischem *forte* lediglich *von der Mitte zur Spitze* und spiele wahllos *Diminutionen,* [46] wann es ihm paßt.

Der *Konzertmeister* ziehe bei solistischer Begleitung einer *Arie* stets das *Tempo* an, spiele nie mit dem *Sänger* zusammen und schließe die Arie mit einer *extra langen Kadenz* aus *Arpeggi, mehrsaitigen Figuren etc. etc. etc.*, die er bereits fix und fertig vorbereitet hat.

Alle Violinen müssen gleichzeitig gestimmt werden, wobei keinesfalls auf die *Cembali* oder *Kontrabässe* zu hören ist.

Etc. etc. etc. etc.

Viele der oben gegebenen Tips können auch von *Bratschenvirtuosen* [47] beherzigt werden.

Der *zweite Cembalist* besuche ausschließlich *Generalproben.* Zu allen übrigen schicke er den *dritten.* Diesem sei unter den *hohen Schlüsseln* gewöhnlich nur der des *Soprans* geläufig. Er achte darauf, beim Spielen *nicht die Daumen zu benutzen, die Bezifferungen zu ignorieren, ständig Sexten zu greifen, nie mit dem Kapellmeister übereinzustimmen und alle Mittelteile der Arien*

---

[46] „Verkleinerungen": im 18. Jhdt. „willkürliche" Veränderungen [im Gegensatz zu den ausgeschriebenen „wesentlichen Manieren"] , die durch die Zerlegung einzelner Akkorde oder Tonschritte zustande kommen.

[47] Eigentlich „Violettavirtuose": Die „Violetta" ist das kleinste Instrument der Familie der *Viola da Braccio* ohne Bünde mit drei in Quinten gestimmten Saiten, auch *Viola piccola* genannt; ab dem 18. Jahrhundert diente der Name jedoch als allgemeine Bezeichnung für die Bratsche oder auch kleinere Gambe.

in Dur abzuschließen etc. etc. etc.

Der *Cellovirtuose* kenne ausschließlich *Tenor-* und *Baß-schlüssel*. Er sollte nie einen Blick auf die *Gesangsstimme* werfen und auch nur schlecht lesen können, da er sich weder nach den *Noten* noch nach dem *Text* des *Sängers* zu richten hat.

Rezitative begleite er stets in der *oberen Oktave* (vor allem bei *Tenören* und *Bässen*). In den *Arien* ruiniere er die *Baßlinie*, je nach Laune, durch immer neue *Verzierungen*, wenngleich das Ergebnis seiner *Variationen* dann jeden Bezug zur *Gesangs-* oder zur *Violinstimme* verliert.

Kontrabaßvirtuosen sollten im *Sitzen* und *mit Handschuhen* spielen und darauf achten, daß die tiefste Saite ihres Instrumentes keinesfalls gestimmt ist. Wenn überhaupt, harzen sie höchstens die obere Hälfte des *Bogens* ein und stellen bereits in der Mitte des dritten Aktes ihr Instrument an seinen Platz zurück. Etc. etc. etc.

Oboen, Flöten, Trompeten, Fagotte etc. sollten grundsätzlich verstimmt sein und alle *Töne hinaufziehen*.

Etc. etc. etc. etc.

FÜR BÜHNENBILDNER
UND THEATERMALER

Bühnenbildner sollten sich bei Ausschreibungen des Intendanten gegenseitig unterbieten und mit allen Mitteln versuchen, *Aufträge* zur Ausstattung sämtlicher Opern der Saison zu ergattern. Diese treten sie dann zu einer um zwei *Drittel niedrigeren* Summe an *gewöhnliche Maler* ab, damit jene ihrerseits noch *zwei Drittel* Gewinn herausschlagen, wenn sie die *Arbeit* durch Andere erledigen lassen.

Der moderne Bühnenbildner oder Theatermaler benötigt keinerlei Kenntnisse bezüglich *Perspektive, Architektur, Zeichnung, Schattierungen etc.* Er sorge indes dafür, daß *architektonische* Bühnenbilder nicht etwa nur einen oder zwei, sondern jeder *Prospekt* vielmehr vier bis sechs Fluchtpunkte aufweise, die alle unterschiedlich positioniert sind. Es ist diese Vielfalt, die das Auge des Zuschauers in höchstem Grade erfreut.

Über die beiden vorderen *Prospekte* hänge er eine *imposante Stoffdekoration*, da diese bei allen *Szenen* Verwendung finden, die nicht im *Freien* spielen. Allerdings macht sie sich auch bei *Wald- oder Gartenszenen* nicht schlecht, schützt sie doch die *Sänger* davor, sich unter freiem Himmel zu erkälten.

Kulissenwechsel dürfen niemals synchron vonstatten gehen. *Horizonte* sollten dabei so eng wie möglich gespannt werden, damit die Spielfläche schmal und folglich wenig Licht zum Ausleuchten benötigt wird. Für *tiefere Dunkelheit* verwende man das übliche *Berberschwarz.* [48]

In *Sälen, Gefängnissen, Zimmern etc.* sind *Türen* oder *Fenster* überflüssig: Die *Sänger* treten ohnehin aus der ihrer Loge am nächsten gelegenen Gasse auf und benötigen kein Licht,

---

[48] Ital. *nero di ghezzo*: Alte Bezeichnung für einen gedeckten/blassen Schwarzton, mit dem die Hautfarbe der maurischen Berber aber auch die Farbe von Raben und reifen Trauben beschrieben wurde [aus dem Griech. *(ae)gýptios*: „ägyptische Hautfarbe"].

da sie die *Partien* bestens auswendig beherrschen.

Bei *Verwandlungen* zu *Meeresküsten, Feldlandschaften, Schluchten, Unterweltsszenarien etc.* sollte die Bühne immer von etwaigen *Felsen, Steinen, Grasbüscheln, Baumstümpfe etc.* freigeräumt werden, um den *Sängern viel darstellerischen Raum* zu schaffen. Trifft es sich jedoch, daß einer der Sänger in besagter Szene einschlafen muß, lasse man durch einen *Pagen* oder *Kammerherrn* eine *Moosbank* mit *erhöhter Seitenlehne* auf die Bühne tragen, die es dem *Darsteller* erlaubt, während der Arie seiner Kollegen den *Ellenbogen* aufzustützen, tiefer zu schlafen etc.

Die gesamte *Beleuchtung* treffe die Bühnenmitte nur andeutungsweise, erhelle statt dessen gleichmäßig *Sofitten* wie *Seitenwände*. Wenn auch der *Raum* an sich heller sein sollte als jeder andere *Gegenstand*, dürfte es doch niemanden wirklich stören, einen gleißend erleuchteten *Prospekt* unter nachtschwarzem *Hintergrund* zu sehen. Wollte man nämlich den gesamten *Bühnenraum* über besagten *Prospekt* hinaus illuminieren, würde die *Beleuchtung* zu teuer.

Wird im Stück ein Thron benötigt, bestehe dieser aus drei *Stufen*, einem *Sessel* und einem *Baldachin* - sofern er für die *Primadonna* bestimmt ist. Bei *Tenören* oder *Bässen* reichen allerdings die drei *Stufen* und der *Sessel* völlig aus.

Der moderne Bühnenbildner oder Theatermaler lege Wert darauf, daß die *Farben* seiner *Kulissen* zum Bühnenhintergrund hin immer kräftiger werden, denn so bricht er voll und ganz mit der *altmodischen Schule*: Diese hatte mit zunehmender *Distanz* zum Zuschauer die Verwendung immer gedeckterer *Farben* gefordert, damit der *Raum* größer wirke. Der moderne Bühnenbildner oder Theatermaler jedoch muß all sein Können darauf verwenden, ihn kleiner zu machen.

Herrschaftliche Säle konzipiere man in der Regel weniger tief als *Arbeitszimmer* oder *Kerker*. Auch sollten *Säulen* prinzipiell kleiner sein als die *Darsteller*. Auf diese Weise passen mehr davon auf die Bühne – zum Trost des Intendanten.

Statuen brauchen nicht streng nach den *anatomischen* Gegebenheiten entworfen zu werden. Solche Studien behalte man sich eher für *Bäume* oder *Brunnen* vor. Beim Nachbau antiker *Schiffe* richte man sich nach den Form heutiger und verwende zur Ausstattung großer *Hallen,* welche die *Rüstkammern des Xerxes, des Darius, des Alexander etc.* darstellen sollen, *vorzugsweise Bomben, Musketen, Kanonen, etc. etc. etc.*

Im letzten *Bild* der Oper muß der moderne Bühnenbildner oder Theatermaler hingegen alles geben. Da dieses gewöhnlich von einer Unzahl Leute gesehen wird, die inzwischen gratis ins Theater gekommen sind, kann er sich hier seinen Schlußapplaus sichern. Die *Ausstattung* sollte daher den Epilog zu allen vorangegangenen Szenen der Oper bilden und somit *Strände, Wälder, Kerker, Säle, Zimmer, Brunnen, Schiffsflotten, Bärenjagden, riesige Baldachine, Bankette, Wetterleuchten, Blitze etc. etc. etc.* in sich vereinen. Dies gilt um so mehr, ist die Szene überschrieben mit*: Palast der Sonne, des Mondes, des Librettisten, des Intendanten etc.* Nicht übel wäre es, die gesamte Szenerie in strahlendem Licht aus dem Schnürboden herabsinken zu lassen - und zwar gut bestückt mit Statisten, die verschiedene Götter beiderlei Geschlechts darstellen und auf das Zuständigkeitsfeld der jeweiligen Gottheiten hinweisende *Instrumente* bzw. *Attribute* in den Händen halten. Diese Statisten weise man dann aus triftigen Einsparungsgründen an, (irgendwann gegen Ende der Oper) die auf der Bühne verteilte Beleuchtung zu löschen.

Etc. etc. etc. etc. etc.

51

FÜR TÄNZER

Tänzer sollten auf *Intermezzi* [49] nicht gut zu sprechen und stets darum bemüht sein, weder rechtzeitig auf- noch abzutreten.

Fordert der Intendant einen *neuen Tanz* von ihnen, lassen sie zwar die Musik zu *alten Tänzen* abändern, bedienen sich jedoch weiterhin *derselben Schritte, Contretemps,*[50] *Cadences,*[51] *etc.* So können sie in *Sklaven-Balletten, Bauerntänzen,* im *Piroo,*[52] der *Forlane* und in allen weiteren Nationaltänzen immer die *Schrittfolge* des *Menuetts* verwenden.

Als *Pas de Deux* sollten *spontane Improvisationen* getanzt werden. Man lege bei *Auftritten* der *Eleven* großen Wert auf deren *unterschiedliches Alter.* Ihre *Tänze* werden dann so choreographiert, daß zuerst die *älteren,* dann die *jüngeren* und zuletzt die ganz *kleinen* auftreten, die nicht älter als *drei Jahre* sein dürfen. Diese werden gewöhnlich auch bei *heroischen Balletten* eingesetzt.

Etc. etc. etc. etc.

FÜR BUFFOSÄNGER

Buffo-Sänger brauchen den *Hauptdarstellern* vom *ernsten Fach* bei ihren *Gagenforderungen* in nichts nachzustehen. Dies gilt um so mehr für den Fall, daß sie beim Singen über eine *der ernsten Oper würdige Intonation,* sowie entsprechende *Passagen, Triller, Kadenzen etc.* verfügen.

Falsche Schnurrbärte, Wanderstäbe, Trommeln und alles, was sie

---

[49] Die komischen *Intermezzi* waren die Konkurrenten der Ballette als „Pausenfüller" zwischen den Akten der „großen Oper". Wie auch das Ballett erhielten sie im Laufe des 18. Jahrhunderts mehr und mehr an eigenständiger Bedeutung und verdrängten schließlich die *Opera seria* von den Bühnen.

[50] Sprung aus der 5. Position.

[51] Abschließende Reverenzen.

[52] Siehe Kapitel 1 „Für Librettisten".

sonst noch an Requisiten für ihre Auftritte benötigen, sollten sie selbst mitbringen, um den Intendanten (über ihre horrende Gage hinaus) nicht noch mit *weiteren Ausgaben* zu belasten.

Überschwenglich loben sie die *Hauptdarsteller der großen Oper, Musik, Libretto, Statisten, Ausstattung, Bären, Erdbeben etc.* schreiben jedoch den *Erfolg* des *Abends* ganz alleine sich selbst zu. Sie führen in jeder Stadt die gleichen *Intermezzi* auf und sollten dabei ganz selbstverständlich dafür sorgen, daß die *Cembali nach ihren Bedürfnissen gestimmt* werden. Erhält ein *Intermezzo* keinen Applaus, geben sie prompt der jeweiligen Stadt die Schuld, in der sie halt nicht *verstanden* würden. [53] Was die Tempi betrifft, so *rennen* oder *schleppen* sie. Dies gilt vor allem für *Duette*, in denen sie durch ihren *Klamauk* schon mal den Kontakt zum *Continuo* verlieren können. Die Schuld an dem *Chaos* geben sie dann *lächelnd dem Orchester*.

Etc. etc. etc. etc.

FÜR SCHNEIDER

Schneider sollten zunächst mit dem Intendanten einen Vertrag über die *Kostüme* aller Opern der Saison abschließen. Anschließend besuchen sie alle *Sänger* und *Sängerinnen*, um ihnen das *Kostüm* nach Maß zu entwerfen, wobei sie ihnen jedoch suggerieren, daß dessen Ausführung mit der vom Intendanten zur Verfügung gestellten Summe nicht realisierbar sein werde. Daher handeln sie einen *Zuschuß* aus, mit dem allein sie dann das komplette *Kostüm* herstellen. So behalten sie das gesamte vom Intendanten gestellte *Geld* für sich.

Ein *Kostüm* darf ruhig aus *Einzelteilen, abgewetzten Stoffen etc. zusammengestückelt* werden, brauchen Schneider bei

---

[53] „Verstanden" im wahrsten Sinne des Wortes: Die Intermezzi wurden meist in Dialekt aufgeführt und somit in einer anderen Stadt teilweise wirklich „nicht verstanden".

Sängerinnen doch ohnehin nur für eine *extra lange Schleppe* und bei *Sängern* für schöne falsche *Waden* zu sorgen, um sich eines *Trinkgelds* sicher zu sein.

Die Fertiggestellung der *Kostüme* erfolge erst am Premierenabend während der *Ouvertüre*, und zwar deshalb, weil sie - *rechtzeitig* den *Sängern* übergeben - mehrfach hätten umgearbeitet werden müssen.

Tenören und *Bässen* sollten die Schneider einen prächtigen *Helmschmuck aus unterschiedlichsten Federn etc.* einreden.

Etc. etc. etc. etc.

FÜR THEATERPAGEN

Fünf- *oder sechsjährige* Theaterpagen sollten das *Kostüm* eines *Vierzehn- oder Sechzehnjährigen* sowie eine *flachsblonde Perücke* für ihre *dunklen Haare* beanspruchen.

Einer von ihnen übernehme (wenn es die Handlung erfordert) die Rolle des *Sohnes*, weine auf der *Bühne* etc. Die übrigen *bleiben nie ruhig* bei der *Schleppe* der *Sängerin* stehen, sondern zerren sie ständig in Richtung ihres *Gönners*. Sie essen auf der *Bühne etc.* und verlieren in der Premiere *Handschuhe, Taschentuch, Hut und Perücke.*

Etc. etc. etc.

FÜR STATISTEN

Statisten ziehen grundsätzlich die *Kostüme* ihrer *Freunde* an und ordnen sich niemals ihrem *Statistenführer*, dem *Inspizienten* oder *Souffleur* unter.

Sie verlassen allabendlich das Theater mit den zum Kostüm gehörigen *Schuhen, Strümpfen* und *Halbstiefeln*. Werden diese dabei *schmutzig*, lassen sie sie am folgenden Abend eiligst vom *Statistenführer säubern*. Hinter den Kulissen pöbeln sie *Sänger, Sängerinnen, geizige Gönner, Verehrer etc.* an. Alle *Primadonnen* begrüßen sie hingegen mit „Hochwohlgeborene", bieten ihnen *Schnupftabak, die Pfeife etc.* an und lassen sie dezent wissen, *sie hätten Durst.*

Sie sollten niemals alle synchron auftreten und sich darauf verständigen, bei der Finalszene bereits *halb ausgezogen* zu erscheinen *etc.*

Der mit der Rolle des *Löwen, Bären, Tigers etc.* betraute Statist verlange vom Librettisten, seinen *Auftritt* in die *Mitte der Oper* und auf keinen Fall hinter die *Hauptarie* der *Primadonna* zu legen *etc.*

Sind *Tischchen, Sessel, Sofas, Thronstufen etc.* auf die Bühne zu tragen, müssen diese *verkehrt herum* hingestellt werden. Als Bote achte der Statist darauf, den *jeweiligen Brief* stets mit der *linken Hand* zu übergeben und dabei das *rechte Knie* ein wenig zu beugen.[54]

Etc. etc. etc. etc.

FÜR SOUFFLEURE

Souffleure fungieren *im Auftrag* des Intendanten als *Makler* bei der *Vermietung* der *Theaterkantine, der Galerieplätze, Stühle etc.* und vermitteln zwischen *dem Bären, den Blitzen* und *Erdbeben etc.*

Bereits im Morgengrauen kommen sie zu den Opernproben. Sie schwärmen für den *Komponisten,* die *Sänger,* den *Intendanten* und für den *Librettisten* mit seinen *Schmetterlingchen, Mückchen, Schiffchen, Schmuckkästchen etc. etc.*

Auch legen sie die Probenzeiten fest und müssen sich um das *Eingangsläuten,* das *Entzünden der Lampen* und den *Beginn der Vorstellung* kümmern. Hierzu rufen sie dem Kapellmeister *laut* durch das *Loch im Vorhang* zu: *„UND EINS, UND EINS, HERR MAESTRO."*

Etc. etc. etc. etc.

---

[54] Umgekehrt wäre zu Marcellos Zeit korrekt gewesen.

FÜR KOPISTEN

Kopisten sollten mit dem Intendanten *eine bestimmte Summe* für die Abschrift der Oper vereinbaren und diese dann *zu sechs Soldi* [55] *pro Seite* – inklusive *Papier, Tinte, Federn, Streupulver etc.* – anderweitig *kopieren lassen.* Beim *Ausziehen* von *Stimmen* aus der Opernpartitur *verwechseln sie Wörter, Notenschlüssel, Vorzeichen etc., lassen ganze Seiten aus etc. etc. etc.*

Fremden, auf der Suche nach *guten Opernarien,* verkaufen sie Schmierblätter, auf die sie Namen der *größten Meister* setzen. Sie sollten *komponieren, singen, ein Instrument spielen, rezitieren etc.* sowie die meisten Arien einer Oper zu *Gondelliedern* umarrangieren können.

Etc. etc. etc.

FÜR THEATERANWÄLTE [56]

Anwälte eines Theaters sollten dem Intendanten die Möglichkeit bieten, *Opernproben im eigenen Hause* abhalten zu lassen. Sie setzen die *Verträge mit Sängern, Orchestermusikern, Bühnenarbeitern, Statisten, dem Bären, dem Librettisten etc.* auf und haben bei der Wahl der *Tänze* und *Intermezzi das letzte Wort.* Zudem schlichten sie *Streitigkeiten zwischen Sängern und dem Intendanten* und bringen von Abend zu Abend mehr Besucher gratis in die Vorstellung, um dem Theater zu *Anerkennung und gutem Ruf* zu verhelfen.

Etc. etc. etc.

---

[55] *Soldo:* Alte Münzart, heute ital. Bezeichnung für „Geld" allgemein.
[56] Alle folgenden Kapitel wurden von Marcello nicht mit eigener Überschrift versehen.

FÜR THEATERMÄZENE

Gemeinsam mit dem Intendanten sollten die Mäzene eines Theaters den *Sängerinnen* in allem entgegenkommen. Maskiert stehen sie an der Eingangstür und kontrollieren sorgfältig den Einlaß. Dabei winken sie jedoch jeden durch, der ihnen paßt etc. etc. etc.

Täglich besuchen sie die *Hauptdarstellerinnen*, geben *auswärtigen Sängerinnen Unterkunft* und sitzen in den Proben meist bei der *Primadonna, dem Bären, etc.*

Sie beschwichtigen *Sängerinnen*, die sich *mit dem Komponisten, dem Intendanten, dem Schuhmacher und dem Schneider* überworfen haben.

Etc. etc. etc. etc. etc.

FÜR TÜRSCHLIESSER

Türschließer und *Wachsoldaten mit ihren verrosteten Theaterdegen* sollten ihrer *Aufgabe umsichtig und streng* nachgehen - solange der Intendant daneben steht. Sobald er sich entfernt, gewähren sie *all denen freien Eintritt*, die ihnen im Laufe des Tages ein *Trinkgeld* zugesteckt haben.

Dem *Theatermäzen* oder einer anderen dafür zuständigen Person übergeben sie dann keinesfalls alle Eintrittskarten, die sie von den Besuchern *eingesammelt* haben. Vielmehr *stecken* sie regelmäßig einige davon *beiseite*, um sie später wieder zu einem *Drittel* unter dem *üblichen Preises* zu *verkaufen* und so dem Theater Konkurrenz zu machen.

Ihren Freunden erstatten sie das *Eintrittsgeld* sogar nach einer Stunde noch zurück. Zudem lassen sie einen *Besucher* das *Eintrittsgeld* für *vier* bezahlen und geben alles *demjenigen* wieder, der vorzeitig die Vorstellung verlässt: Die anderen *drei bleiben* indes im Theater.

Etc. etc. etc. etc. etc.

FÜR KARTENVERKÄUFER

Kartenverkäufer sollten alle eingehenden *Silber-* und *Goldmünzen* wiegen und stets behaupten, sie seien *zu leicht*, auch wenn dies *nicht der Fall* ist. Als *Wechselgeld* verwenden sie dann *Münzarten*, die es ihnen ermöglichen, außer dem *Zuschlag* für den *angeblichen Gewichtsmangel*, selbst noch ein paar *Soldi* vom *Restgeld* zurückzubehalten.

Erkundigt sich ein *Besucher*, den sie für einen *Ausländer* halten, nach dem *Preis* einer *Eintrittskarte*, verlangen sie immer ein paar *Lire zu viel*.

Etc. etc. etc. etc. etc. etc.

FÜR GÖNNER DER SÄNGERINNEN

Gönner[57] von *Sängerinnen* müssen *extrem aufmerksam, extrem eifersüchtig* und *extrem lästig* sein, *etc. etc. etc.* Im Allgemeinen verstehen sie nicht das Geringste von Musik, begleiten ihre Schützlinge jedoch zu jeder *Opernprobe* und tragen ihnen *Noten, Wärmetopf, Haube, Papagei, Käuzchen etc. etc. etc.* hinterher.

Sie beherrschen die gesamte *Partie* der *Sängerin* auswendig und soufflieren ihr hinter ihrem *Stuhl* stehend. Auch engagieren sie sich als *finanzielle Teilhaber* des Intendanten, hüten sich jedoch tunlichst, jemals andere *Sängerinnen* zu grüßen.

Textdichter, Komponist etc. sollten regelmäßig Geschenke von ihnen erhalten, damit sie für die *Sängerin* eine *schöne Partie* schreiben. *Souffleure, Pagen, Statisten etc.* ermahnen sie hingegen, sich um nichts anderes zu kümmern, solange ihr Schützling auf der Bühne ist. Überhaupt lassen sie alle wissen, *diese sei in drei oder vier Jahren in rund 60 Opern aufgetreten, habe ein bezauberndes Benehmen, sei völlig uneigennützig, aus gutem Hause, sehr gebildet und mit keiner anderen Sängerin zu vergleichen - ein wahrer Jammer, daß sie gezwungen sei, diesen Beruf auszuüben etc. etc. etc.*

Über andere *Sängerinnen* und alle Theater, an denen *sie* noch nicht aufgetreten ist, verlieren sie kaum ein gutes Wort. Ständig weisen sie darauf hin, daß die tatsächliche *Gage* der *Sängerin* um *zwei Drittel über der offiziell vereinbarten* liege. Ihre *Gehröcke, Unterwesten, Hosen etc.* seien stets mit *Koloraturen, Trillern, Vorschlägen, Kadenzen etc.* der *Sängerin* gefüttert. Zu jeder Generalprobe sollten sie ihr gewöhnlich ein *neues Kleid, eine neue Uhr etc.* schenken.

Sie halten sich meist hinter der Bühne bei ihrer *Sängerin* auf und haben darum ständig *Lakritzbonbons, Riechsalz, die neue*

---

[57] Das italienische Wort *protettore* bedeutet sowohl „Beschützer", „Gönner" und „Förderer der Künste" als auch „Zuhälter"...

Arie, den Handspiegel, ein Verzeichnis der Gesten, Birnen, verschiedene Duftwässerchen etc. bei sich. Interpretiert ihre SÄNGERIN eine *Nebenrolle*, sorgen sie dafür, daß sie der *Primadonna* in Bezug auf *Pagen, Thron, Zepter und langer Schleppe* in nichts nachstehe.

Etc. etc. etc. etc.

FÜR PRIMADONNENMÜTTER

PrimadonnenMÜTTER sollten ihren *Töchtern* auf Schritt und Tritt folgen, sich jedoch *höflich zurückziehen*, sobald diese sich in Begleitung ihrer Gönner befinden.

Während des Vorsingens beim Intendanten *bewegen sie mit den Mädchen synchron den Mund* und *flüstern* ihnen die unvermeidlichen *Verzierungen und Triller zu*. Zum Alter der *Sängerin* befragt, ziehen sie mindestens *zehn Jahre* ab.

Wünscht ein vornehmer jedoch *verarmter Adeliger*, einer Sängerin vorgestellt zu werden und wendet sich aus diesem Grund an deren MUTTER, beeile sich diese zu antworten: [58] *„Also, was das betrifft mag meine Tochter zwar arm sein, aber sie ist tugendhaft und rechtschaffen und übt diesen Beruf auch nur aus, weil das Unglück unserer Familie sie dazu zwingt: Zunächst muß da noch eine Schwester unter die Haube gebracht werden, die schon einem Doktor versprochen ist, und dann mein Mann aus der Haft gelöst werden. Aus lauter Gutmütigkeit hatte er eine Bürgschaft geleistet, die dann zu bezahlen war. Übrigens kommen uns nicht einfach irgendwelche Leute ins Haus; und wenn diese beiden Herren hier verkehren, dann auch nur weil man sagen kann, sie kennen die GIANDUSSINA von Geburt an: Einer ist der Anwalt meines Mannes und der andere der Pate des Mädchens.“*

Die MUTTER einer *Anfängerin* behaupte, *ihre Tochter sei in zwei Jahren rund dreißig Mal aufgetreten;* ist die Sängerin jedoch bereits *älter*, beteuere ihre MUTTER, *sie singe erst seit drei Jahren und habe vor ihrem dreizehnten Lebensjahr damit angefangen*.

Vor allem bei den ersten Proben muß die MUTTER dem Orchester während der Arien-*Ritornelli* ihrer *Tochter* mit der Hand den *Takt* schlagen. Den Vortrag der *Sängerin* begleite sie mit *Kopf, Augen* und *Fuß, bewege den Mund* mit und schreie ihr zum Abschluss das unvermeindliche *Viva!* zu.

---

[58] Wörtliche Rede: Originaltext im Dialekt der Region Bologna.

Nach den Opernproben bringe sie der *Sängerin* zu Hause die *Gesten* bei und zeige ihr *die Stellen, an denen sie Triller in die Arien einbauen kann*. Läuft in der Vorstellung dann *alles* glatt, *überschütte sie das Mädchen* nach seinem Auftritt *zu- allererst mit Küssen* und sage dann zu ihm: *„Mein süßes, mein allerliebstes Schätzelein. Gott segne dich tausend Mal, so schöne Koloraturen hast Du gesungen. Alles hat ganz wunderbar ge- klappt. Diese anderen Frauen da haben sich vor Wut auf die Finger gebissen!"* Läßt die *Sängerin* an einem Abend jedoch *den Triller aus, wippt bei einer spannenden Szene nicht mit dem Fuß etc.* tobe die MUTTER und fahre sie an: *„Sieh dich bloß vor, du dämliches Ding. Weder den langen Triller noch die großartige Geste hast Du heute Abend gemacht, und prompt mußtest Du wie ein begossener Pudel abgehen. Nicht einmal 'Hau ab!' hat man Dir hinterhergerufen."*

Ins Theater komme sie *im Morgenrock* und trage einen mit *seidenen Verehrer-Sonetten verzierten Schal*, welche ihrer Tochter bei verschiedenen Gelegenheiten zugedacht worden waren. Oder sie erscheine mit Halbmaske und einem überlangen Umhang des *Gönners*. Hinter den Kulissen halte sie *Gurgellösungen, das Buch mit den Verzierungen* und alle möglichen anderen Dinge parat, die ihre Tochter eventuell benötigen könnte. *Fühlt diese sich schlecht bei Stimme*, entrüste sich die MUTTER laut, *der Intendant müsse auch ab und zu mal eine Vorstellung ausfallen lassen, wolle er nicht sich selbst und das Mädchen ruinieren etc. etc.*

Während der Auftritte der *Sängerin* erzähle die MUTTER den *Bühnenarbeitern*, dem *Bären*, den *Statisten etc.*: *„Meine Tochter hat wirklich bisher nur Hauptrollen gesungen - Prinzessinnen edelster Abstammung, Königinnen, Kaiserinnen - und zwar an den besten Opernhäusern von CENTO, BUDRIO, LUGO und MEDICINA.* [59] *Sie ist völlig uneigennützig und hat alle anderen Sänger gerne, auch wenn ihr das nicht gedankt wird. Bei uns im Dorf gibt es die eine oder andere vornehme Dame, bei der braucht sie nur den Mund aufzumachen und bekommt alles,*

---

[59] Kleinstädte in der Umgebung von Bologna.

was sie will. Warum soll man auch nicht erzählen, daß sie ein kluges und bescheidenes Mädchen ist und über das Singen hinaus zahllose Dinge gelernt hat, wie Sticken und Spitze klöppeln, Tanzen, Fechten, Pfeifen. Sie hat sogar Grammatik studiert und ist so entgegenkommend, was die Vorlieben anderer Leute betrifft, daß sie beispielsweise in Begleitung ihres Gönners ebenfalls raucht. Übrigens öffnet sie niemals ihren gesegneten Mund, um über jemanden Schlechtes zu sagen. Aber in dieser Welt muß man sich ja ganz anders benehmen, um weiterzukommen! Und doch wird sie, eh man sich's versieht und allen zum Trotz, eine Berühmtheit sein und sich Diener in Livree leisten können" etc. etc. etc.

Sollte irgendeine *Sängerin* mehr Applaus erhalten, als *ihre Tochter*, greife sie diese und ihre Mutter in der Loge an und schimpfe: *"Jetzt ziehen sie aber mal Leine, Frau GIULIANA. Nur weil ihre Tochter so viel Beifall gekommen hat, brauchen sie sich hier noch lange nicht so breit zu machen! Man weiß ja, wie sowas läuft: Meine Tochter besitzt weder Dublonen noch silberne Dosen, die sie dem Kapellmeister und dem Dichter hätte schenken können. Deshalb hat sie eine so scheußliche Partie bekommen. Aber wenn auch sie die beiden zum Essen eingeladen oder jedem eine Uhr oder eine selbst bestickte Halsbinde mit passenden Manschetten vermacht hätte, würde sie jetzt besser dastehen!"* Hierauf antworte die Andere: *"Das ist ja die Höhe! Ich muß mich doch außerordentlich über Ihr Benehmen wundern. Was fällt Ihnen ein, so zu reden? Ich weiß nichts von Dublonen oder Dosen; ich weiß jedoch, daß meine Tochter ihre Partie perfekt beherrscht und niemandem etwas schenkt, nicht dem Dichter und auch nicht dem Kapellmeister. Also, verehrte Frau SABATINA, wissen sie worum es hier geht? Man muß eine sichere Stimme haben und deutlich sprechen, diese neumodischen Halb- und Spitzentöne beherrschen, das Tempo halten und ausdrucksvoll spielen können. Auf der Bühne darf weder gelacht noch gequatscht werden, wenn man Applaus erhalten will. Treibt man dort nämlich allen möglichen unpassenden Blödsinn, patzt man nur allzu schnell; und dann gibt man einem Dritten oder Vierten die Schuld."* Erwidere die Erste: *"Was soll das denn heißen: Intonieren, Tempo halten, Blödsinn machen - Sie*

*dummes, nervtötendes Weib? Meine Tochter hat, und das wissen
alle, ihre abgeschmackten Ratschläge nicht nötig. Die sang nämlich
schon und hat auf Instrumenten improvisiert, bevor es Ihnen
überhaupt einfallen wollte, Ihre unterrichten zu lassen. Tja, wir
kommen nun mal aus demselben Ort, wo jeder jeden kennt, und
alle wissen, bei welchem Gesangslehrer Ihre Tochter war und bei
welchem meine. Meine Tochter hatte einen, der einen Louisdor im
Monat nahm und nur dreimal die Woche kam - und auch das nur
auf Empfehlung hoher Herrschaften hin. Er hat das Unterrichten
längst nicht mehr nötig, da er sich vom Erlös aus seinen Stunden
Land gekauft hat. Alle Welt weiß, daß er seine Perücke mit Band
trägt,* [60] *für jede Unterrichtsstunde vier Seiten mit Verzierungen
vollschreibt und auch im hohen Alter noch ganz der Gesangskunst
verschrieben ist. Ihre Tochter dagegen hatte so einen Dreikäsehoch,
den niemand schätzt (am wenigsten unser Maestro zu einem
Louisdor). Ständig will er allen die Hand küssen, damit sie seine
schöne Rosette aus falschen Brillanten sehen, die ihm eine Sängerin
von ihrem Auftritt in Venedig mitgebracht hat. Er läuft mit einer
Uhrkette herum, obwohl nur ein Zuckerkringel daran hängt. Als
Lehrer ist er doch keine sieben Paoli* [61] *wert und weiß der Himmel,
wie viele Monatslöhne ihm Ihre Tochter Gesangsvirtuosin noch
schuldet"* etc. etc. etc. etc.

Klopft es an der Tür, sollte immer die MUTTER öffnen
gehen, denn es könnte ja jeden Moment ein *Geschenk*, ein
Gönner, ein *Intendant*, ein *Papagei*, ein *Affe etc.* herein-
schneien. Handelt es sich dann um den *Schuster*, den
Schneider oder den *Handschuhmacher*, lasse sie sich die
Rechnung ausstellen, bitte dann jedoch, *ein anderes Mal
wiederzukommen, denn die VIRTUOSIN sei auf dem Lande* oder
probe gerade mit dem Maestro am Cembalo etc.

Lehnt das Mädchen *aus Höflichkeit* eine *Tabaksdose*, einen
Ring, eine *Uhr etc.* ab, muß die MUTTER sie ausschimpfen:
„Man merkt sofort, daß Du nicht weißt, was sich gehört. Diesen

---

[60] Zu einem Zopf gebunden und somit - im Gegensatz zu den herkömm-
lichen *Allonge*-Perücken - nach der allerneusten Mode.

[61] Italienische Münze, benannt nach Papst Paul III. (1468-1549).

64

Herren vor den Kopf zu stoßen, der Dir mit solcher Höflichkeit etwas zukommen lässt. " Sie nehme dann selbst das *Geschenk* des *Fremden* an und füge hinzu: „*Gnädiger Herr, seien Sie nachsichtig mit ihr. Dieses Pummelchen ist zum ersten Mal von zu Hause weg und noch dumm wie Makkaroniwasser. Sie weiß einfach von nichts und niemandem. Außerdem ist dies das erste Geschenk, das ihr je gemacht wurde. Bei uns zu Hause verkehrt ja keine Menschenseele.*"

Aufgrund der *vielfältigen und höchst umfangreichen Ausgaben,* zu denen das Töchterchen durch die jahrelangen *Aufrechterhaltung ihres Lebensstils* als *Prinzessin, Königin, Kaiserin etc.* nebst Hofstaat und die reizende *Menagerie aus Papageien, Affen, Käuzchen, Hunden und Hündinnen* mit ihrem Nachwuchs *etc.* sowie die Veranstaltung von *Gesellschaften* (bei denen Herr PROCOLO großzügig *für alles sorgt*) gezwungen ist, muß die MUTTER dann an den spielfreien Abenden eine *Tombola* oder *Lotterie* mit vielen *Gewinnen* (siehe unten) veranstalten. Hierbei sollte nämlich jeder Teilnehmer etwas abbekommen, damit er zufrieden nach Hause geht und auch ganz gewiß mit neuen Gewinnhoffnungen wiederkommt.

Es folgt die TOMBOLA

TOMBOLA oder LOTTERIE mit den *verschiedensten GEWINNEN und einem Einsatz von mindestens vier Louisdor vor Öffnen der Lose.*

1. *Ein vergoldeter KORB voller abgetragener Pantoffeln, Schuhen und Halbstiefeln der SÄNGERIN, die aus vielen Opern übrig geblieben und mit Schönheitspflästerchen in unterschiedlichen Farben übersät sind.*

2. *Eine SCHACHTEL aus Vorlagen für Blumenapplikationen, gefüllt mit Sekund-, Terz- und Quarttrillern, Vorschlägen, Kadenzen, Halb- und Misstönen etc. und ebenso vielen in Perlmutt eingelegten Schmerzen.*

3. *Die MEERÄSCHE, die TROMMEL und der KRANZ des COLA,* [62] *dekoriert mit Sechzehntelnoten - en Gros oder einzeln.*

4. *Vierundzwanzig vollständige VIOLINBOGENSTRICHE mit ebenso vielen Messe di voce und sauberen Aussprachen, alles verbunden mit höflichen und moderaten Gagenforderungen etc. zur Anfertigung eines Unterrocks für das Dienstmädchen.*

5. *Die komplette KLEIDUNG eines modernen Librettisten aus fiebergelber Baumrinde, verziert durch Metaphern, Tropen, Hyperbeln etc., mit einer Knopfleiste aus alten, aufgewärmten Opernstoffen, gefüttert mit Versen unterschiedlichen Metrums und einem dazugehörigen Degen in einem Futteral aus Bärenfell.*

6. *Eine UHR, mit der man Koloraturen, Kadenzen und Sprünge der SÄNGERINNEN messen kann. Der Finger der Gönner zeigt das Tempo an.*

7. *Dreißig BLITZE, die je fünfmal in unterschiedlichen STIMMFARBEN aufleuchten, in einem rustikalen, tragbaren Schrein.*

8. *Ein großer SCHRANK mit langen Pilgerstäben, Textbüchern, Würfeln, Schreibpulten, Dolchen, Giftfläschchen, Gefängnissen, Moosbänken, erlegten Bären, Erdbeben, monstruösen Baldachinen, Farbpaletten, Kreidestücken, Pinseln etc.,* verriegelt mit Bühnennebel.

9. *Zahllose VERTRÄGE verschiedener Theater mit Logenübereignungen und Kreditbriefen von Intendanten, die bei der Bank der Unmöglichkeit mit ihren Aktienbriefen über heroische und amouröse Opern einzulösen sind.*

10. *Eine große KISTE, vollgestopft mit den Indiskretionen, Hochmütigkeiten, Anmaßungen, Eitelkeiten, Schlägereien,*

---

[62] Wahrscheinlich alles Requisiten eines damals berühmten komischen *Intermezzo. Cola* ist eine regionale Figur der italienischen Komödie.

Eifersüchteleien, Mißachtungen, üblen Nachreden, Verfolgungen etc., die SÄNGER beim abendlichen Spiel im Hause der PRIMADONNA vergessen haben.

11. *Eine riesige gehäkelte TASCHE voll zahlloser Kontrollen, Fleiß, Aufmerksamkeiten, Überwachungen, Blicken, gutem Benehmen, Ansprüchen auf Haupt- und Nebenrollen etc. etc., die durch ein buntes Musikband verknüpft sind – das Ganze eine Handarbeit der MÜTTER.*

12. *Eine SCHALE aus Notenpapier, darin zahlreiche Partien aus alten Opern, deren Orchesterbesetzungen, verdoppelte Unisoni sowie verschiedene Bündel von Dissonanzen, Quinten, Oktaven, Misstönen etc. sowie 10.000 tiefe E's im Basso continuo, über die man mehrere vollständige Originalopern komponieren kann – ein Geschenk, daß die SÄNGERIN bereits von mehreren modernen Komponisten erhalten hat.*

13. *Ein MIKROSKOP, das die Sorgen, die Unerfahrenheiten, Begeisterungen, die leeren Versprechungen, Verzweiflungen, enttäuschten Hoffnungen, erfolglosen Opern, Jahresprovisionen, leeren Theater, voll beladenen Barken, Bankrotterklärungen etc. der Intendanten sichtbar macht - verschnürt mit der Blume der Verschlagenheit.*

14. *Diverse APPLAUSE aller SÄNGER des einen oder anderen Geschlechts sowie der Intendanten, Schneider, Pagen, Statisten, Gönner und PrimadonnenMÜTTER, die zusammen mit ihren Wutausbrüchen, ihrer Gier und ihren Übertreibungen dem neumodischen Theater zum Geschenk gemacht wurden.*

15. *Die Feder, die das NEUMODISCHE THEATER schrieb.*

FÜR GESANGSLEHRER

Belcanto-Lehrer [63] von *Gesangsvirtuosinnen* lassen ihre Schülerinnen ausschließlich *piano* singen, da so ihre *Verzierungen* besser gelingen, welche auf gar keinen Fall mit der *Continuo-* oder *Orchesterbegleitung* der *Arie* zusammenpassen dürfen. Sie kümmern sich weder um *Taktarten*, noch um *Diktion* oder *Intonation* und achten vielmehr darauf, daß dem Zuhörer auch ja *kein einziges* gesungenes *Wort* preisgegeben wird.

All ihre Schülerinnen *unterrichten* sie auf die *gleiche Art und Weise*. Sie notieren ihnen *Passagen* und *Variationen* in ein großes *Buch* und legen großen Wert darauf, daß jede *Sängerin* sich an einigen *hohen* und *tiefen Tönen* versuche, die außerhalb ihres *natürlichen Stimmumfangs* liegen. So wird sie *höhere Gagenforderungen* stellen können.

Beherrschen die GESANGSLEHRER selbst keinen *Triller*, bringen sie ihn auch niemals einer *Sängerin* bei. Sie sollten ihr vielmehr einreden, dies sei *altmodischer Kram* und *nicht mehr gefragt*. Das Publikum würde während ihrer Ausführung desselben ja ohnehin bereits *johlen und applaudieren*. Besteht die *Sängerin* dennoch auf einem Triller, sollte sie lernen, diesen *von Anfang an äußerst schnell, immer im Halbtonabstand und ohne vorbereitende Messa di voce* zu singen. Außerdem sind *ihr endlose Kadenzen beizubringen*, zu deren guter Ausführung sie *mehrmals Atem holen* muss.

Unmittelbar nach Erhalt einer neuen *Partie* ist die *Sängerin* davon zu überzeugen, alle darin enthaltenen *Arien* ändern zu lassen. Für Schülerinnen, die sich auf Gastspielreisen befinden, sollten die Koloraturen allwöchentlich *von Grund auf überarbeiten* werden. Auch lege man ihnen dringend ans Herz, das betreffende Orchester dabei stets *piano* spielen zu

---

[63] Eigentlich: „Lehrer des schönen Stils" - Maestro CRICA also ....
(Marcello war selbst auch zeitweise der Gesangslehrer einer Dame, die zu einer der berühmtesten Primadonnen des 18. Jahrhunderts werden sollte: Faustina Bordoni, die spätere Frau des Komponisten Johann Adolf Hasse).

lassen.

Aus Mitleid unterrichten GESANGSLEHRER arme *Jungen* oder *Mädchen* gratis und begnügen sich - im Falle deren *Engagements* - lediglich mit einem *Zweidrittel der Gagen aus den ersten vierundzwanzig Auftritten*, mit der *Hälfte aus weiteren vierundzwanzig* und mit *einem Drittel auf Lebenszeit.*

Belcanto-LEHRER lassen nie *Stimmübungen* machen. Vielmehr verfüge jeder von ihnen über einen eigenen STIMM-BILDNER.

FÜR STIMMBILDNER

Stimmbildner sollten bei allen *Sängerinnen dieselben Solmisations-Übungen* anwenden und diese, je nach deren Bedürfnissen, lediglich in andere *Tonarten* oder *Schlüssel* transponieren, die *Tempi ändern etc. etc.*

Sie traktieren sie über mehrere Jahre hinweg mit den immer gleichen *Variationen* von *A* nach *D* aufwärts und von *D* nach *A* abwärts - in *unterschiedlichen Lesarten* bezüglich der *Versetzungszeichen*, die dabei benötigt werden. Doch bringen sie ihre Schülerinnen niemals dazu, den Mund richtig zu öffnen oder etwa - zur besseren Verständlichkeit - den einzelnen Vokalen entsprechend zu formen.

Etc. etc. etc. etc.

FÜR SCHREINER UND SCHLOSSER

Schreiner und Schlosser entfernen, bevor sie ihre Arbeit auf der Bühne beginnen, zunächst alle *Türen, Bänke, Schlösser, Riegel etc.* aus den *Logen*, um alles zu reparieren. Erst nach Erhalt des üblichen *Trinkgeldes* bringen sie diese wieder zurück. Vor allem bei Premieren sollten sie unbedingt mit Beginn der *Ouvertüre* zu *Hämmern* anfangen und dies möglichst den gesamten *ersten Akt* über fortführen.

Etc. etc. etc. etc.

FÜR STUHL- UND LOGENVERMIETER

Stuhl[64]- und Logenvermieter *hofieren* die *Gönner der Sängerinnen* und *gewähren* ihnen *Kredit.* Jede Nacht stehen sie von *null* bis *zwei Uhr* morgens im *Dunkeln* auf den Plätzen herum und *klirren* mit den *Logenschlüsseln,* um *Interessenten* dafür anzulocken.

Etc. etc. etc. etc.

FÜR REQUISITEURE

Ein Requisiteur sollte seinen Dienst nicht unter *dreißig Soldi und einer Gratiskerze pro Abend* antreten. Bei jeder Opernpremiere verlange er den üblichen *Obulus von fünfzehn Lire* dafür, daß er die *Sänger* zu den *Proben* abgeholt, ihnen die *Noten* hinterhergetragen hat *etc.*

Er fungiere *gratis* als Statistenführer und übernehme – auch *gratis* - notfalls die Rolle des *Bären.*

Etc. etc. etc. etc.

FÜR OPERNLIEBHABER

Opernliebhaber[65] sollten ausschließlich die *Proben* einer Opern besuchen, insbesondere die *Generalproben.*

Von *Musik, Poesie, Ausstattung, Tanz, Statisterie, dem Bären etc.* haben sie keine Ahnung, fällen jedoch über alles ihr unbarmherziges Urteil.

---

[64]   Ital. *scagno:* alte Bezeichnung für „Hocker", „Schemel".

[65]   Marcello nennt sie *Maschere*, also „Masken", denn man ging zu seiner Zeit in Venedig mit (Halb-)Maske ins Theater (s. Abb. S. 58).

Sie seien *Parteigänger* eines *Komponisten, eines Theaters, eines Sängers, eines Statisten, eines Bären, eines Librettisten etc.* und ziehen über die anderen her etc.

Beim Besuch des Theaters geben sie als Eintrittsgeld ein *Pfand* ab, das sie sich jeden Abend nach einer *Viertelstunde* zurückholen. Auf diese Weise sehen sie, über *zwölf Abende* verteilt, die gesamte Oper gratis. *Komödien* besuchen sie vor allem wegen des *niedrigeren Eintrittspreises.* Für die Oper an sich interessieren sie sich nicht einmal bei der *Premiere*, höchstens für einige *halbe Arien* der *Primadonna*, für die Szene des *Bären*, für die *Wetterleuchten, Blitze etc.* Sie umschwärmen die SÄNGER des einen oder anderen Geschlechts, um durch sie freien *Eintritt* zu erlangen.

Etc. etc. etc. etc. etc.

FÜR THEATERKANTINENPÄCHTER

Der Pächter einer *Theaterkantine* sei *Musikliebhaber*, habe stets Notenpapier bei sich oder hinter der Theke und *kümmere sich* äußerst liebevoll um sämtliche *Darsteller.* Allen *Sängern, Orchestermitgliedern, Statisten, dem Intendanten, Bären, Librettisten etc.* gebe er *freie* Getränke aus und verschenke, vor allem an *Sängerinnen, Kantaten* aus Neapel. Als besondere *Gaumenfreuden* verkaufe er denen, die nichts davon merken, *zum Spaß*:

- *Kaffee, der mit Gerste, Ackerbohnen, verbranntem Brot etc. vermischt ist.*
- *Verschiedene Liköre unterschiedlichen Namens, die jedoch alle lediglich aus gewöhnlichem Schnaps und Honig bestehen.*
- *Sorbets aus steinharten Zitronen und Vitriolgeist mit Salpeter oder Asche statt richtigem Salz.*
- *Schokolade, bestehend aus Zucker, falschem Zimt, Mandeln, Eicheln und unbehandeltem Kakao.*

- *Klares Wasser niemals ohne gleichzeitige Bestellung eines Schnapses.*

Weine)
und) *wie gehabt.*
Lebensmittel)

Alles zum vierfachen Preis.
Etc. etc. etc. etc.

E N D E

NACHWORT

„SPRENGT DIE OPERNHÄUSER IN DIE LUFT", lautete die provokante Forderung eines weltberühmten Komponisten und Dirigenten um die Mitte des 20. Jahrhunderts. Viele Geistesgrößen hatten im Italien des frühen 18. Jahrhunderts wohl insgeheim mit demselben Gedanken gespielt...

Das italienische Theater an sich steckte zu Beginn des *Settecento* in einer tiefen Krise. Die Zeit großer Autoren war vor rund 100 Jahren - dem „goldene Zeitalter" - zu Ende gegangen und sollte erst in den 1730er Jahren mit Metastasio und Goldoni wiederkehren. Den Darstellern wurde die Fähigkeit zur Rezitation aberkannt und auch das Publikum galt als theaterunfähig: Es sprach und aß während der Vorstellung; die Gutsituierten schlossen ihre Logenvorhänge, um sich besser privat amüsieren zu können, warfen Essensreste aufs einfache Publikum im Parkett und dieses wiederum seine geleerten Flaschen (*Fiaschi*, Einzahl *Fiasco*!) als Zeichen des Protestes auf die Bühne...

Die Dekadenz des italienischen Theaters war allgegenwärtiges Thema der Salondiskussionen, Gazetten, nationaler wie internationaler Zeitungen, und verursachte eine wahre Traktatflut, wie etwa *Della perfetta rappresentazione moderna* („Von der idealen modernen Theateraufführung", 2 Bände, 1705), *Della perfetta poesia italiana* („Von der idealen italienischen Dichtung", 1706) des Literaturtheoretikers Ludovico Antonio Muratori (1672-1750) oder *Della ragione poetica* („Von der dichterischen Vernunft", 1708) des Gian Vincenzo Gravina (1664-1718). Beide waren Mitbegründer der 1690 in Rom entstandenen *Accademia dell'Arcadia*, deren literarische Zielsetzungen zu einer alle Kunstformen umfassenden kulturellen Bewegung werden sollten.

Die 'Schuldigen' am 'Aussterben' guter Autoren und dem Niedergang der Theaterliteratur waren schnell gefunden und wurden deutlich benannt: Neben dem *cattivo gusto* („schlechten Geschmack) des barocken 17. Jahrhunderts all-

74

gemein waren dies die *Commedia dell'arte* und - die Oper! Gravina wie Muratori hielten die Oper für nicht reformierbar, da die Poesie hier allen anderen Elementen vollkommen untergeordnet und vor allem die „schändliche Dienerin der noch schändlicheren Musik" darstellte. Oper war gleichbedeutend mit Barockliteratur: niedrige Moral, formale Unwürdigkeit, mangelndes Nationalbewußtsein und völlige Irrationalität durch die Musik. Ein „Monster von 100 Ungereimtheiten" (Muratori).

Diesem von ihm geliebten „Monster" greift Benedetto Marcello (1686-1739) - in 'Arkadien' *Driante Sacreo* - im Jahr 1722 auf höchst originelle Weise mitten 'in den Rachen' und mischt es kräftig auf! Seine Heimat Venedig ist zu diesem Zeitpunkt bereits wirtschaftlich und politisch im Niedergang begriffen, gilt jedoch als italienische Hauptstadt der Vergnügungen, des Luxus' und der kulturellen Freiheit. Der aus einer Patrizierfamilie stammende Advokat und Komponist u.a. mehrerer Opern (seine 50 Vertonungen der Psalmen Davids, zusammengefasst im *Estro poetico-armonico*, sind zudem einzigartige Monumente der Kirchenmusikgeschichte; Zeitgenossen nannten ihn den 'Michelangelo der Musik') ist ein ausgezeichneter Kenner und genauer Beobachter der Opernmaschinerie seiner Zeit, ihren 'Machern' und ihren 'Macken' - und er hatte sich bereits früher mit polemischen Schriften und satirischen Kompositionen (u.a. zwei gegen Kastraten gerichtete Madrigale, *Capriccio a 5 voci,* die Kantate *Senza gran pena non si giunge la fine*) darauf 'eingeschossen'.

Als Kind der Hauptstadt des Karnevals geht er nun einen neuen Weg: Er maskiert. Ganz im Stil jener, zu seiner Zeit so beliebten und zuhauf produzierten Traktate verfaßt er unter dem verheißungsvollen Titel *Il teatro alle Moda* eine Art Gebrauchsanweisung für den Theaterbetrieb, eine Bedienungsanleitung - und doch in Wirklichkeit genau des höchst konstruktive Gegenteil. Ähnlich den komischen *Intermezzi*, welche die *Opera seria* persiflierten, schreibt er nicht nur eine

Satire auf das Theaterleben seiner Zeit, sondern auf eben jene allgegenwärtigen Traktate und führt deren hochtrabende Form durch Witz, chaotischen Schreibstil, wahllose Typographie, ungeordnete Kapitel, regionale Orthographie und grobste Dialektpassagen *ad absurdum* - ebenfalls ein typisches Merkmal des Karnevals und der *Intermezzi* bzw. der zukünftigen *Opera buffa*. Dabei gibt er seinen Tips und 'Belehrungen' den Schein absoluter Ernsthaftigkeit, nimmt die didaktische Situation jedoch zum Anlaß impliziter beissender und gleichzeitig liebevoller Gesellschaftssatire.

In der Tradition der Straßentheater im venezianischen Karneval betreibt Marcello hier - wie später Carlo Goldoni – 'Milieustudien' und stellt erstmals die Welt der Oper 'auf die Bühne'. Er gibt seinem Buch viele äußere Charakteristika eines potentiellen Theaterstücks oder Opernlibrettos: Von der Widmung des 'Autoren' an den 'Komponisten' bis hin zur damals für Textbücher üblichen anonymen Veröffentlichung (hier jedoch auch eine Vorsichtsmaßnahme) und bietet dazu einen ganzen Katalog an neuen 'Masken', Szenen, Situationen und Momentaufnahmen, die zu einer Dramatisierung prädestiniert sind.

Il Teatro alla Moda erlebte nach seiner nur wenige Exemplare umfassenden Erstausgabe zahllose Neuauflagen und einen unglaublichen Erfolg. Dafür spricht auch jenes 1726 in Venedig anonym erschienene Büchlein *Li diavoli in maschera, dialoghi curiosi ricavati dal francese dal Sig. N.N.* („Die maskierten Teufel, merkwürdige Gespräche aus dem Französischen übertragen von Herrn N.N."), in dem die im *Teatro alla Moda* versteckten Hinweise für ein potentielles, höchst interessiertes Publikum entschlüsselt werden. Vor allem aber zog es eine wahre Modewelle (musik-)dramatischer Werk über den Theateralltag nach sich, die bis weit ins 19. Jahrhundert anhielt (lediglich das *Intermezzo La Dirinda o Il Maestro di cappella* von Girolamo Gigli war 1715 Marcellos Buch zuvorgekommen). Als berühmte *Metamelodrammi* mit teilweise wörtlichen Zitaten und ganzen Szenenbildern aus der Satire

Marcellos seien genannt u.a. *L'impresario delle Isole Canarie ovvero La cantante e l'impresario* von Pietro Metastasio (1724), *La Bella verità* von Carlo Goldoni (1762), *L'opera seria* von Ranieri de' Calzabigi und Florian Gassmann (1769), *Prima la musica poi le parole* Antonio Salieri, *Der Schauspieldirektor* von W.A. Mozart (beide 1786) sowie insbesondere *Le convenienze ed inconvenienze teatrali* von Gaëteno Donizetti (1827/1831). In dieser Tradition stehen aber auch Werke wie Richard Strauss' *Ariadne auf Naxos* (1916), *Capriccio* (1942), Peter Eötvös' *Radames* (1976/97) oder István Szábos Film *Zauber der Venus (Meeting Venus,* 1992). Sie alle haben eine Gemeinsamkeit: Theaterfremde Zuschauer amüsieren sich fasziniert über die 'exotische', ihrer Meinung nach völlig übertrieben dargestellte Welt hinter den Kulissen; 'Eingeweihte' erkennen sich selbst und die Kollegen jedoch durchaus wieder und stellen amüsiert-resigniert fest, daß sich am ganz normalen Wahnsinn des Opernalltags in den Jahrhunderten im Grunde nur wenig geändert hat...

Benedetto Marcellos somit hochaktuelles und unterhaltsames 'Basiswerk' (inzwischen in Italien wieder vergriffen) sei somit eine konstruktive Wiederbelebung auch in Deutschland vergönnt - insbesondere im Zeitalter „historischer Aufführungspraxis", zu der ja durchaus auch die Kenntnis der alltäglichen Hintergründe und ihrer Auswüchse zählen sollte. Da die Erstübersetzung (1917) von Alfred Einstein heute höchstens noch in Universitätsbibliotheken zugänglich ist und zudem durch einen besonders 'blumigen' Stil sowie zahlreiche Übersetzungsfehler getrübt wird, sei diese „frische Übersetzung" - nach über 80 Jahren - gerechtfertigt.

Etc. etc. etc. etc. etc. etc.

Sabine Radermacher
Freiburg, März 2001

Abbildungsnachweis